CATON

TRAGEDIE.

Par Monsieur *ADDISON*.

Traduite de l'ANGLOIS

Par Mr. *A. BOYER*.

- - - - - - Ego cur acquirere pauca,
Si possum, invideor; cùm Lingua Catonis——
Sermonem patrium ditaverit——
- - - - - - - - - - - - Ille profectò
Reddere Personæ scit convenientia cuique.
Respicere exemplar Vitæ morumque jubebo
Doctum imitatorem, & veras hinc ducere voces.
Horat. De Art. Poet.

A LONDRES,

Chez JACOB TONSON, à la Tête de *Shake-spear*, dans la Ruë nommée *le Strand*.

MDCCXIII.

PREFACE

DU

TRADUCTEUR.

LA Reputation des Savans de cette Isle, par rapport à la Philosophie, aux Mathematiques, & aux Connoissances les plus sublimes, est assez établie dans toute l'*Europe*: Mais comme la Pluspart des Etrangers ignorent le Genie & le Gout des *Anglois* pour la Poësie, il y a long tems que j'avois formé le Dessein de les leur faire connoitre, par rapport à la *Tragedie*, qui, selon *Aristote*, est le Poëme qui occupe le premier

Rang. Dans cette Pensée j'embrassai avec Plaisir l'Occasion de mettre en *François* la Tragédie de *CATON*, qui ayant emporté les Applaudissemens de la Cour & de la Ville, & reüni les Suffrages des deux Partis qui divisent *l'Angleterre*, ne pouvoit que repondre aut But que je m'étois proposé. J'entrepris cette Traduction d'autant plus volontiers, qu'ayant été vivement touché de la Representation de cette excellente Piece, je crus d'abord pouvoir exprimer des Mouvemens que j'avois ressentis, & qui avoient fait une forte Impression sur mon Esprit. Peut-étre que l'Amour-Propre se mît aussi de la Partie, & que je me flatai d'acquerir quelque Reputation, en étendant celle de l'Illustre Auteur au delà des Mers.

Quels que soient les Motifs qui m'engagerent dans cette Entreprise, j'en reconnus bien-tôt le Poids & la Témérité ; & je m'apperçus qu'à la Verité *Caton* pourroit se soûtenir en *François* par les Caracteres, les Moeurs, & les Sentiments, mais qu'il perdroit beaucoup du coté de la Diction. La Langue *Angloise*, Rivale de la *Greque* & de la *Latine*, est églament fertile & énergigue, & ennemie de toute Contrainte, (de même que la Nation qui la parle) elle se permet

permet tout ce qui peut contribüer à la Beauté & à la Noblesse de l'Expression; au lieu que la *Fransoise*, énervée & appauvrie par le Rafinement; toûjours timide, & toûjours Esclave des Regles & des Usages, ne se donne presque jamais la moindre Liberté, & n'admet point d'heureuses Témeritez. Ainsi plus un Original *Anglois* est parfait dans le Grand & dans le Sublime: plus il est rempli d'Images vives, & de Metaphores hardies, & plus il perd en *Fransois*, où les Figures un peu fortes, & les Saillies de l'Imagination sont regardées comme des Defauts, pour ne pas dire des Extravagances.

La Langue *Angloise* partage encore un autre grand Avantage avec la *Greque* & la *Latine*, je veux dire, le *Nombre* & *l'Harmonie :* ce qui paroit en ce qu'elle a une espece de *Prose mesurée*, qui étant astreinte à un certain Nombre de Pieds, composez de Syllables longues & breves, se soutient d'elle-même, & sans le foible Appuy du Clinquant des Rimes. L'Avantage de cette Prose, qu'on nomme *Blank Verse*, se fait voir dans le *Poëme-Epique*, & sur tout dans la *Tragedie*, où les *Anglois* se servent *d'un Style agréablement assaisonné* *, je veux

 dire

* *Voyez Mr.* Dacier, Poetiq. d'Aristote, *p.* 55. 73. &c.

dire d'un Vers de cinq Pieds, qui repond au Vers *Jambique* des Anciens, lequel, selon *Aristote* & son savant Commentateur, *est le Vers que la Nature semble avoir dicté elle même ; & qui entrant le plus dans la Conversation & dans l'Entretien familier, est le plus propre à la Tragédie* ; au lieu que les *François* sont obligez de se servir d'un grand Vers *Alexandrin* de douze & de treize Syllabes, qui convient aussi peu à la Tragédie que le Vers *Hexametre*, qu' *Aristote* condamne dans ce Genre de Poësie. D'ailleurs, l'Assujetissement aux *Rimes Masculines* & *Feminines*, & la Recherche affectée des *Rimes Riches*, que les meilleurs Critiques *Anglois* regardent comme des *Puerilitez*, sont de terribles Entraves pour un Poëte *François* ; & lui font souvent dire des Inutilitez.

C'est pour cette derniere Raison, que quand même je me serois senti assez de Force & d'Haleine pour mettre cette excellente Tragédie en Vers *François*, j'aurois pourtant mieux aimé la traduire en Prose. Je puis, en cette Occasion emprunter ce qui a été remarqué à l'égard d'*Homere* par l'illustre Madame *Dacier*, * dont la savante Plume est

* *Voyez sa Preface sur sa Traduction de l'Iliade d'Homere, p.* 38. *& seq.*

eſt le parfait Modele des Ecrivains, & des Traducteurs *François*. " Un Traducteur " peut dire en Proſe tout ce que Mr. *Ad-* " *diſon* a dit, mais il ne peut le faire en " Vers, ſur tout en nôtre Langue, où " il faut néceſſairement qu'il change, " qu'il retranche, qu'il ajoûte. Or ce que " Mr. *Addiſon* a penſé & dit, quoy que " rendu plus ſimplement, & moins poëti- " quement qu'il ne l'a dit, vaut certaine- " ment mieux que tout ce qu'on feroît " forcé de lui prêter en le traduiſant en " Vers." *Nôtre Poeſie,* ajoute *Madame* Dacier, *n'eſt pas capable de rendre toutes les Beautez d'*Homere, *& d'atteindre à ſon Elevation: Elle pourra le ſuivre en quelques Endroits choiſis; alle attrapera heureuſement deux Vers, quatre Vers, ſix Vers, comme Mr.* Deſpreaux *l'a fait dans ſon* Longin, *& Mr.* Racine *dans quelques unes de ſes* Tragedies: *Mais à la longue le Tiſſu ſera ſi foible qu'il n'y aura rien de ſi languiſſant.* Je puis appliquer tout cela à *Caton*; & même le rendre ſenſible par un Exemple. Il y a environ ſix Semaines que je priai Mr. *Hullin*, qui a donné au Public des Preuves éclatantes de ſon Genie pour la Poëſie, d'eſſayer de mettre en Vers *François* la Premiere Scene du Premier Acte de *Caton*. Il m'accorda ma Priere : Mais il ſentit bien-tôt la Gêne & l'Embarras où eſt un Poëte qui eſt obligé de ſuivre, en Rime, les Penſées d'Autrui ; & il m'a aſſeuré que tout ce qu'il a pû arracher de ſa Muſe, en un Mois de Tems, ſont les ſeize Vers ſuivans qui ſont l'Ouverture de la Piece.

L'Aurore ſe couvrant d'un Voile ténébreux
N'annonce qu'à Regret un jour ſi malheureux ;
Jour fatal à Caton, plus funeſte pour Rome,
Puis qu'il va decider du Sort de ce grand homme.
Oüy, Marcus, la Diſcorde au gré de ſes Fureurs,
D'une Guerre Civile enfantant les Horreurs,
Parmi l'affreux Debris de la Grandeur Romaine,
Dans le Sang de Caton veut aſſouvir ſa haine.
Déja de Sang humain verſant par tout des Flots
Ceſar du Monde entier a troublé le Repos ;
Il voit de ſes Fureurs les Sanglantes Images ;
Et ſi ce Deſtructeur n'arreſte ſes Ravages,
Son Coeur de Crime avide, affamé de Combats,
Ainſi que d'Ennemis, manquera de Soldats.
Dieux ! qui ſouffle aux Mortels l'ambitieuſe Rage !
L'homme emporté par elle eſt-il donc vôtre Ouvrage.

PREFACE.

Si Mr. *Hullin* eût continüé sur le même Ton, & qu'il eût bien voulu entreprendre la Traduction entiere de *Caton*, j'aurois de bon Coeur supprimé la mienne ; Mais comme il s'en est modestement defendu, alleguant qu'il ne se sentoit pas assez de Forces pour se charger d'un Travail si rude, & si épineux, il faudra que le Public, qui a fait paroitre beaucoup d'Impatience de voir *Caton* en *François*, se contente d'une Version en Prose ; du moins jusqu'à ce que quelque Poëte, ou plus hardy, ou plus laborieux que Mr. *Hullin*, nous en donne une en Vers.

Je ne m'étendrai pas davantage sur les Traductions en général : C'est une Matiere que l'illustre Madame *Dacier* a traitée avec tant de Justesse, de Goût, & de Discernement, qu'il suffit de renvoyer le Lecteur à l'excellente Preface qu'elle a mis à la Tête de son *Iliade d'Homere*. Je dirai seulement par raport à ma Traduction, que j'ai taché d'imiter le Style de cette savante Femme, & du fameux Auteur de *Telemaque*; persuadé que je suis, que les Ecrivains, de même que les Peintres, qui se defient de leurs propres Forces, doivent avoir devant les Yeux les plus grands Originaux ; parce que quoy

quoy qu'ils n'atteignent pas à la Perfection, ils s'élevent du moins au dessus du Commun.

Il est vray que pour conserver quelques Expressions vives & figurées de *Caton* je me suis donné des Libertez que mes illustres Modeles, par respect pour leur Langue, ne se seroint peut-être jamais permises. Je sai que par-là je m'expose à la Critique des *François*, mais ce n'est pas ce qui me fait le plus de Peine. Je crains encore beaucoup plus la Censure des *Anglois*, qui m'accuseront avec Raison d'avoir oté à mon Original la plus grande Partie de ses Beautez naturelles. Ce qui me r'asseure un peu, c'est que les Personnes qui entendent à fond l'une & l'autre Langue, lesquelles seules sont en Droit de prononcer en quoy j'ay fait Tort à Mr. *Addison*, sentiront les Difficultez qui m'ont empêché de lui rendre Justice par tout ; & auront quelque Indulgence pour une Traduction, que je n'ai entreprise que dans la Veuë de satisfaire la Curiosité du Public.

Au reste, comme je recevrai avec toute sorte de Soûmission la Censure des Connoisseurs, je declare, en même tems, que je regarderai avec le dernier Mépris la Critique de de certaines Gens qui n'ont d'autre Talent que celui de mordre. Dans ce Nombre je mets un certain *Zoile Anglois* qui a eu l'Audace & la Presomption de se revolter contre le Goût de tout ce qu'il y a de Savant & de Poli dans la Nation *Britannique*; qui a osé attaquer *Caton*, sans le moindre Ménagement, ni pour l'Auteur, ni pour ses Admirateurs; & qui s'est avisé de se formaliser de la Distinction que je donne à cette Piece, en la traduisant en *François*, préférablement à beaucoup d'autres qui, selon lui, meritent mieux que *Caton*, l'Attention des Etrangers. Je ne ferai pas l'honneur à ce Censeur atrabilaire de tirer son Nom de l'Obscurité où il est dans cette Isle, en le faisant passer au delà des Mers. D'ailleurs les Etrangers se passeront fort bien de connoitre un Pedant herissé de *Grec* & de *Latin*, sans la moindre Teinture de Politesse; un Rimeur Fanatique, qui prend pour Enthousiasme les Fumées de la Bile qui le consume; Un faux Imitateur du Sublime de *Sophocle*, d'*Euripide*, & de *Milton*, son illustre Compatriote; un Auteur, enfin, qui pour se venger des Huées des Nourrissons d'*Apollon*, qui l'ont banni du *Parnasse*, s'est érigé en Critique; & à la faveur de quelques Passages d'*Horace*, du Pere *Bossu*, & de

Mr.

Mr. *Dacier*, mal-appliquez, attaque tout ce que le Public applaudit.

A Londres ce 20-31 Juillet, 1713.

P. S. Depuis que j'ai fini cette Preface un Anonyme m'a fait tenir l'Epigramme qui suit.

Sur

Sur les Remarques Critiques qu'on vient de publier contre la Tragedie de CATON.

EPIGRAMME.

A CATON tant couru, quels honneurs ont manqué ?
Du Public applaudi, par Zoïle *attaqué,*
Pour sa gloire future il ne faut plus qu'on craigne.
Il doit vivre & primer : Son Sort est expliqué ;
Trop heureux qu'en effet Zoïle *le dédaigne,*
Et sa Gloire *exigeoit qu'il en fut critiqué.*
Croit-on que d'un Zoïle *un Homere se plaigne ?*
Vers l'Immortalité qu'il vole, qu'il atteigne ;
Zoïle *& le Public de leur Sceau l'ont marqué,*
CATON & L'Iliade auront un même regne.

PER-

PERSONNAGES.	ACTEURS.
CATON, Chef des *Romains* échapez de la Bataille de *Pharsale*,	Mr. *Boothe*.
LUCIUS, Senateurs *Romains*.	Mr. *Keen*.
SEMPRONIUS, Senateurs *Romains*.	Mr. *Mills*.
JUBA, Prince de *Numidie*.	Mr. *Wilks*.
SYPHAX, General des *Numides*.	Mr. *Cibber*.
PORTIUS, Fils de *Caton*.	Mr. *Powel*.
MARCUS, Fils de *Caton*.	Mr. *Rian*.
DECIUS, Ambassadeur de *Cesar*.	Mr. *Bowman*.
MARCIE, Fille de *Caton*.	Me. *Oldfield*.
LUCIE, Fille de *Lucius*.	Me. *Porter*.

Soldats revoltez, Gardes, &c.

La SCENE est à *Utique*, dans la Grande Sale du Palais du Gouverneur.

CATON

CATON

TRAGEDIE.

ACTE PREMIER.

SCENE PREMIERE.

PORTIUS, MARCUS.

PORTIUS.

L'Aurore s'obscurcit & se couvrant d'affreux Nuages n'amene qu'avec peine le Jour fatal qui doit decider du Sort de Caton & de Rome. Oui, Marcus la furieuse Discorde semble maintenant n'avoir d'autre Objet que de terrasser ce Grand Homme, pour assouvir sa Rage & mettre le Comble aux Horreurs d'une Guerre Civile. Cesar a deja desolé plus de la moitié de la Terre, & s'apperçoit des vastes Ravages que son Epée a fait parmi les Mortels. S'il n'arrête son Bras Destructeur, il manquera bien-tot d'Hommes pour former des

Armées & pour ſoutenir ſes Crimes. Dieux! Quelle horrible Deſolation l'Ambition cauſe parmi vos Ouvrages!

MARCUS.

Cher Portius, Doüé d'une Fermeté à toute Epreuve, tu peux, d'un Oeil tranquille, & dans un Point de Veuë Philoſophique regarder le Crime, la Rebellion, la Fraude, & Ceſar même. Pour moy, je ſouffre la Torture, & je perds la Raiſon, quand je ſonge à ce fier Vainqueur. Toutes les fois que j'entens ſon Nom, il me rêmet devant les yeux l'Image de Pharſale —— Je vois le Tyran altier ſe promener d'un Air inſultant ſur le Champ de Battaille, jonché des Corps Morts des Citoyens Romains, & rempli de Meurtre & de Carnage: Je vois les Pieds de ſon Cheval fougueux teints de Sang Patricien. Hé quoy, Portius! le Ciel, juſte Vengeur des Crimes, manque t'il de Foudres pour écraſer le Mortel qui doit ſa Grandeur à la Ruïne de ſa Patrie?

PORTIUS.

Crois-moy, Cher Marcus, une Grandeur ſi impie, eſt accompagnée de trop d'Horreur & de Remords pour être l'Objet de l'Envie: Tu vois avec quel Eclat les belles Actions de nôtre Pere percent le Nuage épais qui l'environne, & brillent d'un nouveau Feu! Ses Diſgraces rehauſſent ſes Vertus, & le couvrent d'une Gloire immortelle. Grand dans ſon Infortune, il combat pour la Juſtice, pour la Vertu, pour la Liberté, pour Rome. Son Epée ne frapa jamais que les Têtes Criminelles; & ſon Bras Vengeur n'eſt redoutable qu'aux Oppreſſeurs, aux Tyrans, & aux Uſurpateurs.

MARCUS.

Perſonne n'en peut diſconvenir: Mais enfin que peut faire Caton contre tout un Monde, un Monde lache & rampant qui tend le Col au Joug, & baiſe la Main de Ceſar qui le met à la Chaine? Renfermé dans Utique, c'eſt en vain que Caton tache de former un Abbregé de la Grandeur

deur Romaine; & qu'à couvert d'une Garde Numide il dirige une Armée & un Senat, foibles & tristes Debris, échapez à de grands Combats, dont l'Oppresseur remporte seul tout l'Avantage. Dieux! Quand je pense à de telles Vertus, accompagnées de tels Revers, Je ne suis plus Maître de ma Raison! Peu s'en faut que le Sort de ce cher Pere ne me tente de renoncer à ses Maximes.

PORTIUS.

Souviens-toi, Marcus, de ce qu'il nous a dit tant de fois: Les Voyes du Ciel sont impénetrables aux yeux des Mortels; C'est un Labyrinthe où la Raison humaine se perd; Elle n'en sauroit démêler les Detours faits avec un Art admirable; ni voir où finit cette Confusion apparente, qui n'est que l'effet d'un Ordre trés regulier.

MARCUS.

Ce sont là les Sentiments d'un Esprit calme, & sans inquietude. Ah! Portius! Si tu sentois la moitié des Maux qui dechirent mon Ame, tu tiendrois sans doute un autre Language. J'aime, Portius, mais j'aime un Objet qui n'est point touché de mon Martyre; & dont les Mépris sont autant de Coups de Poignard, pour un Coeur deja accablé d'autres Soucis. Ah! Si Lucie vouloit enfin repondre à mes Voeux!

PORTIUS *à part.*

Helas! Tu ignores que ton Frere est ton Rival! Mais je te connois trop pour te decouvrir ce Secret.

à son Frere.

Mon cher Marcus, ta Vertu est mise à une grande Epreuve: Rassemble donc toutes tes Forces; appelle à ton Secours tout ce que tu tiens de ta Naissance; suis l'Exemple heroique de ton Pere; & tache de surmonter un Foible qui n'est que trop Naturel à tous les Hommes: Ce seroit-là une Victoire digne du Fils de Caton!

MARCUS.

Portius, un Conseil que je ne puis suivre, bien loin de me soulager ne fait que me reprocher ma Foiblesse. Dis moy que l'Honneur m'appelle au Combat, & qu'il faut affronter la Mort en s'elançant dans un Grós d' Ennemis; & tu verras que Marcus ne balance pas un Moment à suivre les glorieuses Traces de son Pere. La Raison est un Remede trop foible contre l'Amour; & l'Ambition même, cette Soif des Grandeurs qui maitrise toutes les autres Passions, ne s'auroit l'éteindre. C'est, pour ainsi dire, une seconde Vie, une Partie de nôtre Ame; un Feu qui nous anime, & qui se glisse dans toutes nos Veines —— Ah! je ne le sens que trop : Je succombe.——

PORTIUS.

Considerez, mon Frere, le Jeune Juba, Prince de Numidie ! Voyez avec quelle Attention il se forme à la Gloire, & dompte l'Humeur sauvage de son Temperament, pour imiter l'Exemple éclatant de nôtre Pere. Il aime nôtre Soeur Marcie, & il l'aime éperdument : Ses Yeux, ses Gestes, tout decouvre sa Passion. Cependant il étouffe le Feu qui le devore; et lors que ce Feu fait le plus d'Effort pour éclater, le Desir de la Gloire, & le soin de sa Reputation le rendent Maitre de sa Passion, & font qu'il la retient dans le fond du Coeur. Hé Quoi ! Un Africain, un Fils de Juba, sera-til Honte au Fils du grand Caton, en montrant au Monde une Vertu inconnuë à une Ame Romaine?

MARCUS.

Portius, brisons là-dessus---Vos Paroles me piquent jusqu'au Vif —— —— Quand est ce que Juba, ou que Portius même, a montré plus de Vertu, ou plus d'Ardeur pour la Gloire que moy?

PORTIUS.

Marcus, je connois assez ton coeur généreux : Je sai que la moindre Etincelle d'Honneur suffit pour l'embraser.

MARCUS.

Un Frere doit compatir à ce qu'un Frere souffre.

PORTIUS.

Le Ciel m'est Temoin que j'y compatis : Vois mes yeux baignez de Larmes. ——— Ah ! Que ne peut mon coeur se decouvrir à ta Veuë ! Cher Marcus, tu verrois que je partage les maux que tu souffres.

MARCUS.

Pourquoy dont m'accables tu de Reproches, au lieu de me soulager par des Soins obligeans & des Sentiments de Tendresse ?

PORTIUS

Ah ! cher Marcus, si je pouvois calmer tes Inquietudes, & adoucir tes Peines, sois persuadé que je le ferois, aux Depens même de ma Vie.

MARCUS.

O le meilleur des Freres, & le meilleur des Amis ! Excuse, je t'en conjure, un Esprit malade, qui est le joüet des Passions ; & qui tantôt s'éleve, agité par de furieux Transports ; & qui tantôt s'abbat, & retombe dans le Calme. —— Mais Sempronius paroit ——— : Je ne veux pas qu'il soit Temoin de ma Foiblesse. [*Il sort.*

SCENE II.

SEMPRONIUS, PORTIUS.

SEMPRONIUS *à part.*

Le Succez d'une Conſpiration depend de la prompte Execution. & le Retardement eſt toujours dangereux dans ces ſortes d'entrepriſes. —— Mais que fait Portius en ces lieux ? Le Phlegme de ce jeune Homme ne me revient pas —— il faut que je diſſimule ; & que ma Langue trahiſſe mon Coeur. ——

à. Portius.

Cher Portius, que je vous embraſſe ! Encore une fois embraſſons nous, pendant que nous ſommes libres. Peut-être que ſi nous remettions à demain à nous entredonner ces Marques d'Amitié, nous pourrions l'un & l'autre n'embraſſer qu'un Eſclave. Peut-être que le Soleil qui nous éclaire aujourd'huy eſt le dernier qui éclairera la Liberté Romaine.

PORTIUS.

Mon Pere aſſemble ce Matin dans ce Lieu ſon petit Senat Romain, triſtes Reſtes de Pharſale, pour voir s'il y a encore quelque moyen d'arreter le Torrent qui entraine la Ruïne de *Rome*, & de ſes Dieux ; ou s'il faut enfin abandonner l'Univers à la Fortune de Ceſar.

SEMPRONIUS.

Toute la Pompe & toute la Grandeur de *Rome* ne ſauroient donner à ſon Senat plus d'Eclat que la Preſence de Caton. Ses Vertus rendent notre Aſſemblée Majeſtueuſe. Elles impriment une Eſpece de Terreur ſemblable à celle que

que la Religion inſpire ; & font trembler Ceſar même à la Tête d'une Armée enflée de ſes Victoires. Ah! Mon cher Portius, ſi je pouvois appeller ce Grand Homme du Nom de Pere; ſi votre Soeur Marcie vouloit bien être ſenſible aux Voeux de vôtre Ami, je pourrois me dire le plus heureux de tous les Mortels!

PORTIUS.

Helas! Sempronius, eſt-ce le Tems de parler d'Amour à Marcie, lors que la vie de ſon Pere eſt dans un Danger ſi éminent ? Ce ſeroit, à peu prés, vouloir faire ſa Cour à une Veſtale qui tremble à la Veuë du Feu ſacré qui va s'éteindre.

SEMPRONIUS.

Plus je conſidere les Merveilles de ta Race, & plus je ſuis ravi en Admiration. Cher Portius, fais Attention à ce que tu es! Tout le Monde a les yeux ſur le Fils de Caton: Le Merite de ton Pere te donne en Spectacle à l'Univers, & expoſe au Grand Jour ou tes Vertus, ou tes Defauts.

PORTIUS.

Je te ſais bon gré de me faire appercevoir que je m'amuſe ici dans un Tems ſi precieux. Je me retire : Et pendant que le Senat deliberera ſur les ſuites de la Guerre, je vais relever le Courage abbatu des Soldats & leur inſpirer l'Amour de la Liberté, & le Mepris de la Vie. Je vais etaler à leurs yeux l'Interêt de la Patrie, & tacher de r'animer ce qui reſte encore en eux de Romain : La Fortune ne depend pas des Mortels : Mais faiſons plus, Sempronius, rendons nous dignes de ſes Faveurs.

[*Il ſort,*

SCENE III.

SEMPRONIUS *Seul.*

Jeune Reveur ! il veut imiter son Pere, & se pique de parler par Sentences comme lui.—— Mais d'où vient que le vieux Syphax ne paroit pas encore en ces lieux? Son Esprit Africain le rend assez propre au Mal; mais il est un peu lent, & a besoin d'étre incessamment aiguillonné, & tenu en Haleine. Caton m'a maltraité: Il a refusé d'accorder sa Fille Marcie à mes Voeux les plus ardens; D'ailleurs, les Revers qu'il a essuyez depuis la Bataille de Pharsale ne laissent rien à esperer à mon Ambition : Au lieu que les bonnes Graces de Cesar, qui comble ses Amis de Bienfaits, peuvent m'élever aux Grandeurs, & aux premieres Dignitez de Rome. Si je livre Caton, j'ay droit, pour Recompense, de demander sa Fille comme ma Captive. Mais voici Syphax——

SCENE IV.

SYPHAX, SEMPRONIUS.

SYPHAX.

Sempronius, tout est prét pour nôtre Dessein: J'ay sondé mes Numides, & je les trouve tous disposez à la Revolte. Ils se plaignent d'une commune Voix de la severe Discipline de Caton, & n'attendent que le Mot pour changer de Maitre.

SEM-

SEMPRONIUS.

Crois moy, Syphax, il n'y a point de Tems à perdre. Au moment meme que nous parlons le Vainqueur s'avance à grands Pas, & deja il nous talonne. Ah! Tu ne cannois guere l'Activité de Cesar, & tu ignores avec quelle Rapidité il va de Conquête en Conquête. En vain la Nature oppose des Monts & des Mers à son Passage; il franchit tous ces Obstacles, & triomphe en courant. Les Alpes & les Pyrenées s'applanissent sous lui; & impatient de combattre, il poursuit sa Route malgré les Vents, les Flots, & les Orages. Un Jour de plus, & tu le verras foudroyer nos Murailles. Mais, dis-moy, as tu gagné le jeune Juba? Ce seroit un Surcroit de Services qui te rendroit encore plus agréable à Cesar, & qui t'attireroit de plus grandes Faveurs.

SYPHAX.

Il est perdu, Sempronius, & perdu sans Ressource: Il n'a la Tete remplie que des Vertus de Caton—— Cependant je vais retourner à la Charge, car je l'attens ici à tout moment; & je tacherai de vaincre les dures Maximes de Bonne-Foy & d'Honneur, & les autres Reveries, qui ont corrompu son Naturel Africain, & infecté son Esprit.

SEMPRONIUS.

Fais valoir auprés de lui tous les Motifs que tu croiras capables de l'attirer. Le Pere de Juba n'etant plus, la Soumission de ce Prince rendroit Cesar Maitre de l'Afrique, & de la Moitié de la Zone torride.

SYPHAX.

Mais, Sempronius, est il bien vray que votre Senat s'assemble aujourd'huy? Dieux! soyez circonspect—— Caton a des Yeux perçans; & il pourroit demêler nos Trames, si nous ne les couvrons d'un Voile épais.

SEMPRONIUS.

Cher Syphax, repose toy sur moy. J'enveloperai mes Desseins secrets dans le Transport & dans la Passion, qui selon moy est le Masque le plus seur. Je tonnerai pour Rome & pour ma Patrie, & je ferai retentir le Senat d'Invectives contre Cesar —— L'Hypocrisie calme & moderée est un vieux Tour tout usé. Pour bien tromper il faut se parer d'un faux Zele, accompagné de Rage, & de Fureur.

SYPHAX.

Vrayment, vous étes capable de faire des Leçons aux Vieillards, & d'enseigner même la Fraude aux rusez Africains.

SEMPRONIUS.

Encore un coup, sers toy de toute ton Addresse pour gagner Juba. Cependant je vais pratiquer nos Soldats Romains, pour les porter à la Revolte, & fomenter leurs Mecontentements jusqu'à-ce qu'ils éclatent tout à coup, & se dechargent sur Caton. Souviens toy, Syphax, qu'il faut se dépecher. Songe bien aux Moments inquiets que l'on passé depuis qu'on a formé une Conspiration, jusqu'à-ce qu'on l'aye conduite á l'instant de son Execution. Espace terrible & plein d'Horreur, où la mort s'offre á nos Yeux de toutes Parts! A Chaque Parole qu'on profere, on croit prononcer sa Condamnation; nos Pensées mêmes nous effaroucheht, & nous causent des Allarmes, jusqu'à-ce qu'on aye frappé le Coup fatal. [*Il sort.*

SCENE

SCENE V.

SYPHAX *Seul.*

Je vais encore tâcher de ramener ce jeune Obſtiné, & de luí faire ſecoüer le Joug de Caton. Le Tems preſſe —— Ceſar eſt prêt à fondre ſur Nous —— Mais voici Juba, qui vient a propos.

SCENE VI.

JUBA, SYPHAX.

JUBA.

Syphax, Je ſuis bien aiſe de te rencontrer ſeul: J'ay obſervé depuis peu que tu as le Viſage abbatu, & l'Air ſombre & reveur: Dis moy, je t'en conjure, quels noirs Chagrins te froncent le Sourcil, & te donnent un Regard effaré à la Veuë de ton Prince?

SYPHAX.

Je n'ai point l'Art de deguiſer mes Sentimens: Et je ne ſaurois avoir l'Air riant & ſerein, lors que j'ai le Coeur ſerré de Douleur. Je ne ſuis pas encore aſſez *Romain* pour cela.

JUBA.

Pourquoy parles tu en des Termes ſi peu reſpectueux des Maitres de l'Univers? Ne vois tu pas que toutes les Nations ſe ſoumettent à leur Puiſſance, & reconnoiſ-
ſent

ſent la Superiorité de leur Vertu? Eſt il un Peuple dans les Deſerts de l' Afrique, parmi nos Rochers ſteriles, & nos Sables brulants, qui ne tremble au ſeul Nom de Rome?

SYPHAX.

Quel Avantage a ce Peuple altier ſur vos fiers Numides! Decoche-t-il une Fleche avec plus de Force & d'Adreſſe? Le Javelot dardé par une Main Romaine vole t'-il avec plus de viteſſe, & frappe t-il plus ſeurement? Qui eſt-ce qui égale nos legers Africains à dompter le Cheval fougueux, & à le rendre ſouple & maniable? Ou qui comme eux ſait ranger en Bataille l' Elephant chargé de Combatants, & de Milliers de Traits? Voilà, mon Prince, Voilà des Vertus en quoy vôtre Zama ne le cede point à Rome?

JUBA.

Ce ne ſont là que des Vertus inferieures; des Avantages qui ne conſiſtent que dans la Force du Corps. Une Ame Romaine attache ſa Veuë à des Objets bien plus grands & plus relevez: Elle fait ſon Etude de civilizer les Hommes groſſiers d'introduire la Politeſſe parmi les Barbares, & de les retenir par le Frein des Loix; de dompter les Peuples Sauvages; de cultiver leur Eſprit par la Sageſſe, & par la Diſcipline, & de faire fleurir les Arts Liberaux, qui ſont les Charmes & la Felicité de la Vie Civile. De telles Vertus donnent du Relief, & de l'Eclat à la Nature Humaine; épurent l'Ame; & mettent nos Barbares au Rang des Hommes.

SYPHAX.

Dieux! Je ne ſuis plus Maitre de Moy-meme —— Excuſez, Seigneur, le Tranſport d'un Vieillard; Mais aprés tout à quoy tendent ces Vertus admirables, cette Politeſſe Romaine, & ces Manieres civiles qui rendent l'homme doux & traitable? Servent elles à autre choſe qu'à deguiſer nos Paſſions; à apprendre à noſtre Viſage à trahir nos Sentiments, à retenir les Saillies de l' Ame; à ſupprimer les Mouvements

ments du Coeur; & à lui interdire tout Commerce avec la Langue? Enfin, à nous metamorphoser: Et à faire que nous ne soyons pas tels que la Nature & les Dieux nous ont fait naitre?

JUBA.

Pour te fermer la Bouche —— Jette les Yeux sur *Caton!* C'est là où tu pourras voir à quel Faite de Grandeur Divine les Vertus Romaines élevent un Mortel. Uniquement occupé à faire du Bien, & à dispenser la Justice, il n'a d'Attention & d'Inquietude que pour ses Amis; &, severe à lui-méme, il neglige sa propre Conservation: il se refuse le Sommeil, le Repos & les Aliments; il combat contre la Soif, la Faim & la Fatigue, & lors que la Fortune lui offre toute la Pompe & tous les Plaisirs qu'il pourroit souhaiter, son austere Vertu lui fait rejetter les vains Appas du Faste & de la Volupté.

SYPHAX.

Croyez Moy, Seigneur, il n'est point d'Afriquain qui traverse nos vastes Deserts de *Numidie*, à la Poursuite des Bêtes, & qui vive de la Proye dont il est redevable à son Arc & à ses Fleches, qui ne pratique mieux toutes ces Vertus tant vantées. Il doit ses Repas à la Fortune de la Chasse. Il étanche sa soif dans le Courant d'un Ruisseau, qu'il trouve dans son Chemin. Il fatigue tout le jour, & à l'approche de la Nuit, il se couche sur un agréable Gazon que la Nature lui presente, ou bien il repose sa Tete sur un Rocher. Aprés avoir gouté le doux Sommeil jusqu'au Retour de l'Aurore, il se leve frais & vigoureux; se remet à chasser; & si dans cette nouvelle Journée il attrape dequoy faire un autre Repas, & rencontre une Eau vive dont il n'a pas encore gouté, il benit son Destin, & se croit aussi heureux que ceux qui vivent dans le luxe.

JUBA.

JUBA.

Syphax, tes Prejugez ne te permettent pas de distinguer les Vertus que l'on doit à l' Ignorance, de celles qui sont l' effet du Choix & de la Raison; ni de remarquer en quoy un Heros differe d'une Bête brute. Mais supposé qu'il y aye des Hommes qui méprisent la Volupté, & ce qui peut flater les sens; Où trouvera t'on un Mortel qui soutienne les Revers du Sort, & qui soit grand & majestueux dans l' Adversité comme *Caton*? Ciel! Avec quelle Constance & quelle Fermeté d' Ame, il triomphe dans les Disgraces! Avec quelle Force il porte le Poids des Infortunes, & benit les Dieux qui mettent sa Vertu à l' épreuve?

SYPHAX.

Ce n'est que Vanité, pure Vanité, & Enflure de Coeur. C'est, si je ne me trompe, ce que les Romains appelent *Stoisme* —— Si le Roy votre Pere n' avoit pas eu une si haute Idée de la Vertu Romaine, & du Party de Caton, le fil de ses jours n'eût pas été tranché par la Main d'un vil Esclave; & ses Troupes egorgées qui mordent à present la Poudre, couvertes d' hideuses Blessures, ne seroient pas la Proye des Corbeaux & des Vautours de la *Numidie*.

JUBA.

Pourquoy r'ouvres tu une si cruelle Blessure dans mon Coeur? Ie ne saurois retenir mes Larmes au Nom d'un Pere si cher.——

SYPHAX.

Plût au Ciel que vous voulussiez profiter des Malheurs de ce cher Pere?

JUBA.

Que veux tu que je fasse?

SYPHAX.

Que vous abandonniez Caton.

JUBA.

Une telle Perte me raviroit un autre Pere.

SYPHAX.

Je vous entens, Seigneur, je vois bien le Noeud qui vous retient; il vous tarde de l' appeller du Nom de Pere. Les Attraits de Marcie captivent votre Coeur, & vous attachent à Caton. Je ne m' étonne plus si tout ce que je puis vous dire ne fait aucune Impression sur vôtre Esprit.

JUBA.

Syphax, ton Zele devient importun : Jusqu'ici je t' ai permis de lui donner une libre Carriere ; Mais aprens desormais à le retenir, & à ne pas le laiser émanciper au delà des Bornes que je lui prescris.

SYPHAX.

Seigneur, Le Roy votre Pere ne m'a jamais traité de la Sorte: Helas! Il n'est plus! Mais pouvez vous jamais oublier avec quelle Tendresse, quelle Affection, & quels Regrets il vous embrassa & vous donna des Benedictions reiterées en vous disant les derniers Adieux? Pour moy j'en conserverai toujours le doux & triste souvenir, qui tour à tour me comble de joye & de Douleur. Ce bon Prince, les yeux trempez de larmes, & me serrant la Main, me dit en poussant un grand Soupir, Syphax, je t'en conjure, aye soin de Mon Fils? Sa Douleur & ses Sanglots l'empechérent d'en dire d'avantage.——

JUBA.

JUBA.

Helas! de quelle Maniere pourray-je m'acquiter de ce que le Devoir & la Reconnoissance exigent de moy envers un si bon Pere, dont je cheriray toujours la Memoire?

SYPHAX.

En faisant attention à ses Conseils.

JUBA.

Il me chargea de suivre les tiens, & de deferer à tes Sentiments. Ainsi je te permets de me reprocher mes Defauts avec la derniere severité, & de donner une libre Carriere à tes Transports; & je t'assure que j'écouteray tes Remonstrances sans la moindre Emotion, & avec la derniere Tranquilité.

SYPHAX.

Helas! Mon Prince, je ne songe qu'à vous conduire à un Port asseuré.

JUBA.

J'en suis persuadé: Mais dis-moy comment?

SYPHAX.

Evitez le sort qu'ont tous les Ennemis de Cesar.

JUBA.

Mon Pere a toujours dedaigné de le faire.

SYPHAX.

Oüi, & il lui en a couté la vie.

JUBA.

JUBA.

J'aime mieux perir, & perir mille fois, que de blesser mon Honneur.

SYPHAX.

Dites plutot vôtre Amour.

JUBA.

Syphax, Je t'ai promis de t'écouter avec tranquilité: Mais pourquoy veux tu me forcer à avoüer une Flamme que j'ay étouffée pendant long tems, & que je voudrois encore cacher ?

SYPHAX.

Seigneur, il est difficile de dompter l'Amour, mais on peut aisement faire diversion à ses Forces. Peut être que l'Absence contribueroit à vôtre Guerison ; ou qu'un autre Objet, en allumant une nouvelle Flamme dans vôtre Coeur, y éteindroit celle qui vous consume aujourd'huy. Les Dames de la Cour de Zama ont des Attraits bien plus vifs que les Romaines, & le Soleil qui roule son Char sur leurs Têtes, & les éclaire de plus prés, leur communique plus de Feu, & leur donne plus de Coloris: Mon Prince, si vous étiez auprés d'Elles vous oublieriez bien-tôt les Beautez fades du Septemtrion.

JUBA.

Ce ne sont point les Traits du Visage, le Teint, ou le Coloris que j'admire. La Beauté n'a que des Attraits Passagers, qui se ternissent à mesure qu'ls deviennent familiers aux Yeux d'un Amant, & qui enfin ne font aucune Impression. La Vertueuse Marcie semble n'avoir rien de commun avec son Sexe: Non seulement elle est doüée d'une Beauté Divine; Mais ses Charmes sont rehaussez & epurez par une grandeur d'Ame, par une sagesse sans Affe-

Affectation, & par la Sainteté des Moeurs. L'Ame de Caton brille dans toutes ses Paroles & dans toutes ses Actions ; Mais la Douceur qui regne sur son Visage, son Air riant & ses Manieres engageantes & gracieuses, temperent la Severité des Vertus de son Pere.

SYPHAX.

Ah! que vous vous plaisez à vous etendre sur ses Loüanges! Mais, Seigneur, je vous en conjure, faites Reflexion.--

JUBA.

Ah! Syphax; n'est ce pas là Marcie elle même, qui s'avance vers Nous avec la belle Lucie, sa Chere Compagne? Que mon Coeur est ému à la veüe de ce Divin Objet! Je t'en prie, Syphax, laisse moy un Moment.

SYPHAX *à part.*

Que le Ciel les confonde? Une Femme va d'un Coup d'oeil defaire tout ce que je viens de tramer. [*Il sort.*

SCENE VII.

JUBA, MARCIE, LUCIE.

JUBA.

Vivez charmante Fille, dont la Beauté adoucit les Horreurs de la Guerre! Vôtre veüe dissipe tous mes Ennuis; Je me sens penetré d'une Joye secrete, & j'oublie pour un Moment l'Approche de Cesar.

MARCIE.

Prince, Je serois fachée que ma Presence divertit vôtre Attention de ce qui la demande toute entiere, & que vous puissiez

puiſſiez ſonger à autre choſe qu'aux Armes, pendant que l' Ennemy Victorieux, encore tout fumant de Carnage, nous menace de ſi prés, & vous appelle au Champ de Bataille.

JUBA.

Ah! Divine Marcie, permettez moy d' éſperer que vos voeux m'y accompagneront! Cette flateuſe Penſée m'inſpirera une nouvelle Ardeur, & donnant plus de Force à mon Bras & à mon Epée, je terraſſeray un Gros d' Ennemis.

MARCIE.

Mes Voeux & mes Prieres accompagneront toujours les Amis de Rome; ceux qui combattent pour la Cauſe glorieuſe de la Vertu; & ceux, enfin, qui ont l' Approbation des Dieux & de Caton.

JUBA.

Pour me rendre digne de vos Soins pieux, j'aurai inceſſamment vôtre illuſtre Pere devant les Yeux; & je tacherai d' imiter, dans toutes mes Actions, ſes éclatantes Vertus, pour avoir Part à ſa Gloire.

MARCIE.

Jamais mon Pere dans un Tems comme celui-ci, n'a perdu des Momens ſi precieux en Paroles. ——

JUBA.

Vos Reproches, Aimable & Vertueuſe Fille, ne ſont que trop juſtes: Je vole à mes Soldats pour animer leurs Courages languiſſans, en leur étalant la Vertu de Caton. Lors que je les menerai au Combat, & que les deux Armées rangées en Bataille ſeront prétes à en venir aux Mains, vôtre Idée ſera toujours preſente à mon Eſprit; & dans le Fort du Choc & de la Meſlée je ne ſongerai qu'aux belles Actions qui doivent couronner celui qui aſpire à l' Eſtime de Marcie. —— [*Il ſort.*

SCENE

SCENE VIII.

LUCIE, MARCIE.

LUCIE.

Ma chere Marcie tu és trop ſevere : Comment as tu pû faire des Reproches ſi durs à ce genereux Prince, & avec tant de Rudeſſe rebuter un Amant qui te cherit plus que ſa propre vie ?

MARCIE.

C'eſt pour cela même que j'ai voulu l'éloigner : Son Air, ſa Voix, ſon Coeur genereux, tout parle en ſa faveur d'une Maniere ſi touchante, que je ne me ſens pas aſſez de Force pour ſoutenir ſa Preſence.

LUCIE.

Pourquoy veux-tu combattre une Paſſion ſi agréable, & refuſer ton Coeur à tant de Charmes ?

MARCIE.

Quoy, Lucie, voudrois tu que je m'abandonnaſſe à des douces Reveries, & à la Tendreſſe, au Moment que la Vie de Caton eſt en Danger ? Ceſar vient armé de Fureur & de Vengeance, & ſa Foudre n'a d'autre Objet que la Tête de ce Cher Pere. Ne dois je pas être entierement occupée de ces juſtes Alarmes ?

LUCIE.

Pourquoy, en bute, comme je ſuis, à tant de Chagrins & de Malheurs, n'ai je pas la même Fermeté d'Ame que

toy

toy pour les ſoutenir ? Helas ! la Nature m'a donné un Coeur ſi tendre, & ſi ſuſceptible de douces Paſſions, qu'il eſt, tour à tour, en Proye a la Pitié & à l'Amour !

MARCIE.

Ma chere Lucie, Perſonne ne s'intereſſe plus que moy à tout ce qui te touche : Ainſi tu peux te decharger ſur moy de tes Ennuis les plus ſecrets ; & me dire qui c'eſt, qui livre ce doux Combat à ton Coeur ?

LUCIE.

Je ne dois par rougir en les nommant, puis que je te diray que ce ſont les Freres de Marcie, & les Fils de Caton.

MARCIE.

Ils te regardent l'un & l'autre des memes Yeux que leur Soeur, & ils m'ont ſouvent fait Confidence de leur Paſſion. Mais dis-moy, lequel des deux a le plus de Part dans ton Eſtime. Je brule d'Impatience, & je crains, en même tems, de l'apprendre.

LUCIE.

Pour lequel des deux fais tu le plus de Voeux ?

MARCIE.

Ni pour l'un ni pour l'autre, & cependant pour tous les deux : Ces chers Freres partagent également la Tendreſſe & les Souhaits de leur Soeur : Mais duquel des deux Lucie a-t-elle fait Choix ?

LUCIE.

Ma chere Marcie, ils tiennent tout deux un haut Rang dans mon Eſtime ; Mais celui qui a la Preference dans mon Coeur.—— Ah ! pourquoy veux tu que je le nomme ? Tu ſais que l'Amour eſt une Paſſion aveugle & bizar-

re,

re, qui a-des Penchants & des Degoûts dont on ne sauroit rendre raison.

MARCIE.

Ma Chere, je t'en conjure, tire moy de l'embarras où je suis; & dis moy lequel de mes deux Freres je dois desormais appeller heureux?

LUCIE.

Si c'etoit Portius pourrois tu blamer mon Choix? O Portius tu t'és rendu Maitre de mon Coeur. Dieux! Avec quelle flateuse & agréable Tendresse il sait aimer & pousser des soupirs! Avec quelle Sincerité, quel Agrement, & quelle noble Douceur, il explique ses genereux Sentimens! Pour Marcus, il est un peu trop bouillant: il n'éxprime ses Feux que par des Transports; & ses Plaintes amoureuses sont si vives & si passionnées, que je ne saurois l'entendre parler sans une espece de Crainte, accompagnée de Frissonnement.

MARCIE.

Ah! Comment peux tu avoir tant de Rigueur pour lui? Helas! ma chere Lucie, tu ne sais pas jusqu'à quel excez il t'aime. Toutes les fois qu'il parle de toy, son Coeur est embrasé son Ame semble s'envoler à chaque parole qu'il profere, & ses Sentimens, ses Penseés & ses Regards ressemblent à ceux d'un Homme qui n'est plus Maitre de sa Raison. Jeune Infortuné! Ah! Lucie, que ton Indifference va élever de furieuses Tempêtes dans son Coeur! Helas! J'en crains de facheuses Suites.

LUCIE.

Tu sembles prendre son Party contre ton Frere Portius.

MARCIE.

Aux Dieux ne plaise——— si Portius etoit l'Amant malheureux, j'aurois pour lui la meme Pitié.

LUCIE.

Jamais un tendre Coeur a-t-il senti les Alarmes dont le mien est agité! Portius lui même verse souvent des Larmes devant moy, comme s'il pleuroit le Malheur de son Rival; & me prie de ne pas decouvrir les Mouvemens & le Penchant de mon Coeur: Tant il craint les tristes Effets que cela pourroit causer dans l'Esprit de Marcus!

MARCIE.

Il sait trop bien qu'il prend d'abord feu; & il ne voudroit pas plonger ce cher Frere dans le Desespoir: C'est pourquoy il attend un Tems plus heureux, & des Moments plus favorables.

LUCIE.

Helas! Ce n'est que trop tard que je m'apperçois que je me suis engagée dans un Labyrinthe de Malheurs & de Chagrins où je ne vois point de Fin; & que je suis née pour troubler la Famille de ma chere Marcie, & pour semer la Discorde parmi des Freres! O Pensée accablante, & qui perce mon Ame de Douleur!

MARCIE.

Ma chere Lucie, n'augmentons pas nos Douleurs par d'inutiles Regrets, mais laissons aux Dieux immortels à disposer de nôtre Sort. Le Ciel peut dissiper les Nuages affreux qui nous menacent, & nous amener des Jours heureux: A peu prés de même qu'un pur Ruisseau, qui étant troublé par la Chute des Torrents impetueux, & des Pluyes orageuses, s'éclaircit peu à peu, & s'épure à mesure qu'il court; jusqu' à ce qu'enfin le tranquille Crystal de ses Eaux reflechit l'Image des Fleurs qui couronnent ses Bords, & nous peint un Ciel azuré & serein.

Fin du Premier Acte.

ACTE SECOND.

SCENE PREMIERE.

Le Senat Assemblé.

SEMPRONIUS.

GRACES aux Dieux Immortels, Rome vit encore dans ce Senat! Souvenons nous que nous sommes les Amis de Caton; & agissons en Hommes dignes de porter ce Titre.

LUCIUS.

Caton sera bien-tôt en ces Lieux, pour nous informer lui même du Sujet de cette Assemblée. —— Mais le voici qui vient: Puissent les Dieux Tutelaries de Rome diriger ses Conseils! [*Les Trompettes sonnent*.

CATON *entre, & prend sa Place.*

Peres Conscripts, l' Approche de Cesar est la Cause & le Sujet de cette Assemblée: Rome attend son Sort de nos Deliberations. Il s'agit de savoir de quelle maniere nous devons nous comporter à l'egard de cét Homme altier & ambitieux! La Fortune se declare pour lui, & authorise ses Forfaits: Pharsale l'a rendu Maitre de Rome; L' Egypte a ensui te subi le Joug, & le Nil reconnoit ses Loix. Qu'est il besoin de vous retracer l' Image de la Defaite de Juba, & de la Mort de Scipion? Les Sables brulants de la Numidie fument encore de Sang: Il est tems de resoudre quelle Conduite nous devons tenir. L' Ennemy vient à nous à grands

grands Pas, & semble nous envier les steriles Deserts de la Libye. Peres Conscripts, expliquez vos Sentiments: Etes vous encore dans la Resolution de vous defendre. jusqu'à la derniere Extremité? Ou vôtre Courage succombe-t-il enfin, & voulez vous ceder au Tems, & à la mauvaise Fortune. Sempronius, quel est vôtre Avis?

SEMPRONIUS.

J'Opine pour la Guerre. Dieux! Un Senat Romain peut-il balancer un Moment à choisir de l'Esclavage ou de la Mort? Non, non—— Armons nous promptement, & avec ce qui nous reste de Troupes, allons fondre tête baissée sur l'Ennemy, & percer ses fieres & épaisses Legions; Peut étre que quelque Main, conduite par les Dieux Immortels, plongera le Poignard dans le sein de l'Usurpateur, & brisera les Fers de l'Univers. Allons, Peres Conscripts, allons: c'est Rome qui demande nôtre Bras. Allons venger ses Citoyens cruellement égorgez, ou partager leur sort. Les Corps Morts de la moitié du Senat engraissent les Champs de la Thessalie, pendant que nous deliberons si nous sacrifierons nôtre vie à la Gloire & à la Liberté, ou si nous la passerons dans la Servitude? Que la Honte ranime vôtre Courage! Les Manes de nos Collegues qui ont peri à Pharsale semblent nous montrer leurs Playes, & nous appeller au Combat. L'Ombre du grand Pompée nous reproche nôtre Lenteur; & celle de Scipion erre parmi nous & demande d'étre vengée.

CATON.

Sempronius, qu'un Excez de Zele & d'Ardeur ne vous emporte pas hors des Bornes de la Raison: La Veritable grandeur d'Ame paroit dans les Exploits que la Justice authorise, & que la Sagesse conduit; Tout ce qui est au delà n'est que folle Temerité, & Fureur. Ne sommes nous pas responsables de la Vie de ceux qui combattent pour Rome? Si nous les menions inconsiderément à la Boucherie, les Gens desinteressez n'auroient ils pas Sujet de dire, qu'a nôtre Mort nous avions sacrifié Mille Vies,

 pour

pour illustrer nôtre Chute, & donner de l'eclat à nôtre Ruine? Lucius, dites, je vous prie, vôtre Avis.

LUCIUS.

J'avoüe que je penche pour la Paix. Nos Discordes n'ont deja fait que trop de Veuves & d' Orphelins: La Scythie en Pleurs gemit de nos Guerres criminelles; & les Regions les plus reculées se voyent denüées d' Habitants par les Animositez de Rome: Il est tems de mettre bas les Armes, & d'epargner les Restes du Genre Humain. Ce n'est point Cesar, Peres Conscripts, ce sont les Dieux mêmes qui se declarent contre nous, & qui rendent nos Efforts vains & inutiles. C'est se roidir contre les Decrets du Ciel que de braver l' Ennemy, lors qu'on n'a d'autres Armes à lui opposer que le Desir de la Vengeance & le Desespoir. Nous avons deja donné assez de Preuves de nôtre Amour pour la Patrie; il est Tems d'en donner de nôtre Soumission aux Ordres des Immortels. Ce n'est pas pour venger nos Injures particulieres que nous avons pris les Armes, mais pour delivrer la Republique: Ce motif cessant, elles deviennent inutiles. Le même Amour de la Patrie, qui nous les avoit données, nous les arrache des Mains; & nous apprend à avoir de l'Horreur pour le Sang Romain repandu sons Fruit. Nous avons deja fait tout ce que des Hommes pouvoient faire: Et si la Chute de Rome est inévitable, le Ciel & la Terre rendront temoignage à nôtre Innocence.

SEMPRONIUS, *a part à Caton.*

Ce Language, & ce Dehors de Moderation, cachent souvent la Trahison——Je crois entrevoir quelque Chose--- Caton, ayez l'Oeil sur Decius, & tenez vous sur vos Gardes.

CATON.

Ne faisons paroitre ni Temerité, ni Defiance: La Valeur qui passe les justes Bornes devient Ferocité, & lors que la Peur s'empare des Esprits de ceux qui deliberent sur les Affaires

Affaires publiques, elle est aussi pernicieuse que la Trahison même. Evitons l'une & l'autre de ces Extremitez: Peres Conscripts, je ne vois pas que nos Affaires soient encore desesperées & sans Ressource. Nous sommes couverts de bons Boulevards; & nos Murailles renferment des Troupes accoutumées à la Fatigue & aux Chaleurs d' Afrique. Derriere nous est le vaste Royaume de Numidie, qui n'attend que l'Ordre de son Jeune Prince pour prendre les Armes. Puis qu'il nous reste quelque Esperance, ne nous defions pas des Dieux Immortels; Mais du moins attendons que Cesar soit à nos Portes, avant que de nous rendre. Nous aurons toujours assez de Tems pour demander des Chaines, & pour reconnoitre un Maitre. Pourquoy hâterions nous la Chute de Rome? Non, non, menageons jusqu'au dernier Moment de sa Liberté. Par là nous serons encore Libres pendant un Jour; & j'en atteste le Ciel, selon moy, un jour, que dis-je, une Heure de Liberté, vaut mieux qu'une Eternité dans les Fers.

MARCUS, *vient sur le Theatre.*

Peres Conscripts, il n'y a qu'un Moment qu'étant à mon Poste à la Garde de la Porte, un Heraut est arrivé du Camp de Cesar, & avec lui le vieux Decius Chevalier Romain. On lit son impatience dans ses Yeux, & il demande à parler à Caton.

CATON.

Vous permettrez, Peres Conscripts, qu'on le fasse entrer. [*Marcus sort.*
Decius a été autrefois lié d'Amitié avec moy; mais d'autres Veuës, d'autres Interêts ont rompu ces Noeuds, & l'ont attaché a Cesar.—— Peut étre que son Message contribuera à nous determiner.

DECIUS, *vient sur le Theatre.*

Cesar saluë Caton.

CATON.

S'il pouvoit envoyer le Salut aux Amis égorgez de Caton, il seroit bien reçu,——— Tes Ordres ne portent-ils pas de t'addresser au Senat?

DECIUS.

Je n'ay Affaire qu'avec Caton; Cesar voit les Extremitez où vous étes reduits; & comme il connoit le grand Merite de Caton, il tremble pour sa Vie, & s'interesse à sa Conservation.

CATON.

Ma Vie depend du Destin de Rome: Dis lui que s'il veut sauver Caton, il epargne sa Patrie. Dis à ton Dictateur que Caton meprise une Vie, que Cesar a le Pouvoir d'offrir.

DECIUS.

Rome & ses Senateurs se sont soumis à Cesar: Les Capitaines, & les Consuls qui arretoient ses Conquêtes, & qui lui refusoient des Triomphes ne sont plus: Pourquoy Caton ne veut il pas étre Amy de Cesar?

CATON.

Pour les mêmes Raisons que tu viens d'alleguer.

DECIUS.

Caton, j'ai ordre de vous parler en Ami: Faites Attention, je vous en conjure, à l'Orage qui menace votre Tete & qui est pret à éclater. Cedez à la Necessité, acceptez la Paix que Cesar vous offre, & vous conserverez le Rang Glorieux que vous tenez dans vôtre Patrie. Rome en rendra des Actions de Graces au Ciel, & vous regardera comme le second des Mortels.

CATON.

CATON.

Brisons là dessus —— Caton ne sauroit vivre à de telles Conditions.

DECIUS.

Cesar n'ignore pas vos Vertus, que dis-je il les admire & met vôtre Vie & vôtre Amitié à un si haut Prix, qu'il souscrira volontiers aux Conditions que vous dicterez vous même.

CATON.

Dis lui qu'il congedie ses Legions; qu'il retablisse la Liberté de la Republique, & qu'il soumette ses Actions à la Censure & aux Decrets du Senat. Cela fait, il peut conter sur l' Amitié de Caton.

DECIUS.

Caton, tout le Monde applaudit à vôtre Sagesse : mais—

CATON.

Je ferai encore plus: quoy que la Voix de Caton n'ait jamais servi à justifier les Coupables & à pallier les Crimes, je monterai moy même sur la Tribune, & je haranguerày le Peuple Romain, pour tacher d'obtenir la Grace de Cesar.

DECIUS.

Un tel Language ne convient qu'à un Vainqueur.

CATON.

Un tel Language convient à un Romain.

DECIUS.

Qu'est-ce qu'un Romain Ennemy de Cesar?

CATON.

Il eſt plus grand que Ceſar, il eſt ami de la Vertu.

DECIUS.

Conſiderez, Caton, que vous étes dans Utique, à la tête d'un foible Debris du Senat, & que vous ne tonnez plus dans le Capitole, appuyé des Suffrages de tous les Romains.

CATON.

C'eſt à Ceſar à conſiderer ce qui nous a obligez de nous retirer ici; & que c'eſt ſon Epée qui a affoibli le Senat & l'a reduit au triſte Etat où il ſe trouve. Tu es ébloui du faux Eclat des Triomphes & des Victoires de Ceſar: Mais ſi tu le regardois dans un veritable point de Veuë, tu le verrois noirci de Meurtre, de Trahiſon, de Sacrilege, & de Crimes que je ne ſaurois nommer ſans Horreur. Je ſai que tu me regardes comme un Homme accablé de malheurs, & perdu ſans Reſſource: Mais j'en atteſte les Dieux! Je ne voudois pas pour mille Mondes être Ceſar.

DECIUS.

Eſt ce la la Reponſe que Caton envoye à Ceſar, pour tous ſes Soins généreux, & pour les Offres de ſon Amitié?

CATON.

Les Soins qu'il a pour moy ſont les Effets de ſon Arrogance & de ſon Orgueil: Homme Preſomptueux! Les Dieux ont ſoin de Caton.—— Si Ceſar veut montrer de la Grandeur d'Ame, dis lui qu'il employe ſes Soins pour les Amis que j'ai ici avec moy, & qu'il faſſe un bon uſage d'un Pouvoir mal aquis, en protegeant des Gens qui valent beaucoup mieux que lui.

DECIUS.

Vôtre Courage indomté vous fait oublier que vous étes Homme; & vous fait courir à vôtre Perte. Je n'ai rien plus à dire----- Helas! Que de Larmes le Recit de cette triste Ambassade va faire verser à Rome! [*Il sort.*

SEMPRONIUS.

Caton nous te remercions. Le Genie immortel de Rome parle par ta Bouche, & ton Ame ne respire que la Liberté. Cesar fremira au Recit des Paroles que tu viens de proferer, & tremblera au milieu de ses Triomphes.

LUCIUS.

Le Senat reconnoit qu'il est redevable à Caton, qui avec tant de grandeur d'Ame a soin de nos Vies, pendant qu'il neglige sa propre Conservation.

SEMPRONIUS.

Ce n'est pas pour cela que Sempronius le remercie. Lucius paroit amoureux de la Vie; Mais qu'est ce que la Vie? Est ce marcher, respirer, & contempler le Soleil? Non, non, c'est étre libre.---- La Liberté perduë, la Vie devient un Fardeau accablant; Ah! Ciel si en mourant je pouvois plonger le Poignard dans le sein de Cesar, & venger ma Patrie, que la mort me seroit douce, & avec quel Excez des Joye je quitterois la Vie!

LUCIUS.

D'autres pourroient servir leur Patrie avec autant d'Ardeur & de Zele, sans pourtant marquer tant de Transport——

SEMPRONIUS.

La Moderation est sans doute une grande Vertu, dans les tiedes Defenseurs de la Patrie——

CATON.

Sempronius, que cela n'aille pas plus loin : Nous sommes tous Amis de Rome, & Amis communs. N'affoiblissons pas encore par nos Divisions, un Party qui n'est dejà que trop foible.——

SEMPRONIUS.

Caton, je sacrifie mes Ressentiments à Rome.—— Je me tais.

CATON.

Peres Conscripts, il est tems de prendre quelque Resoion.

LUCIUS.

Caton, nous sommes tous de vôtre Avis. La Conduite de Cesar a convaincu le Senat, qu'il faut se defendre jusqu'à ce que nous soyons obligez de capituler.

SEMPRONIUS.

Nous devons nous defendre jusqu'au dernier Moment de nôtre Vie ; mais, Caton, mon Suffrage se soumet à la voix du Senat.

CATON *en Se levant.*

Eh ! bien, pendant que nôtre Liberté & nôtre Sort sont encore dans un Etat douteux, remplissons l'Espace incertain de nos Vies de Fermeté, d'Amitié, de Courage Romain, & de toutes les Vertus dont les Hommes sont capables ; afin d'obliger le Ciel même à avouër, que nos Jours devoient étre prolongez. Peres Conscripts, je vous laisse : Le Jeune Prince Numide s'avance, pour apprendre nos Resolutions. [*Le Senat se separe.*

SCENE

SCENE II.

CATON, JUBA.

CATON.

Juba le Senat a resolu de demeurer armé, & de faire Tete à Cesar, jusqu'à ce que le Tems fasse naitre quelque Occasion favorable.

JUBA.

Cette Resolution est digne du Senat Romain. Mais, Caton, accordez à un Jeune Homme un Moment d'Attention, & daignez écouter ce que j'ai à vous dire. Lors que le Roy mon Pere m'ordonna, quelques jours avant sa Mort, de marcher à Utique, comme s'il eut pressenti sa triste Fin, il me serra entre ses Bras, fondant en Larmes, & lors que sa Douleur lui permit de parler, mon Fils dit-il, quelque sort qu'ait ton Pere, demeure attaché à Caton: Il t'élevera à la Vertu, & à la Gloire. Profite de ses Preceptes, & tu éviteras les Malheurs, ou du moins tu apprendras à les supporter avec grandeur d'Ame.

CATON.

Ton Pere étoit un digne Prince, il meritoit un meilleur Sort! mais le Ciel en a disposé autrement.——

JUBA.

Helas! Lors que je pense au triste Sort de ce cher Peres, je ne saurois retenir mes Larmes, mêmes devant le grand & magnanime Caton.——

CATON.

Tes Larmes ſont pieuſes & juſtes, & tu n'en dois pas rougir.——

JUBA.

Mon Pere s'attiroit le Reſpect des Nations Etrangeres : Les Rois d'Afrique recherchoient ſon Alliance: & à l'Exemple de ſes Voiſins, des Princes qui, a ce que la Renommé raconte, regnent au delà des Sources inconnuës du Nil, dans des Regions reculées, de l'autre côte du Soleil, tachoient de l'avoir pour Amy. J'ay ſouvent veu leurs Ambaſſadeurs chargez de Preſents, & accompagnez d'une nombreuſe Suite, remplir le Palais Royal de Zama.

CATON.

Je n'ignore pas la grandeur de ton Pere.

JUBA.

Je ne fais pas ce Recit pour vanter la Grandeur de mon Pere mais pour indiquer à Caton de nouvelles Alliances. Ne ferions nous pas mieux de quitter cette Ville d'Utique, de faire prendre les Armes à la Numidie, & de rechercher l'Appuy des puiſſans Amis de mon Pere? S'ils connoiſſoient Caton, les plus eloignez de ces Princes feroient marcher a ſon Secours une Multitude de Combattants, dont les Viſages noirs & baſanez augmenteroient les Horreurs de la Guerre, & imprimeroient de la Terreur.

CATON.

Et crois tu que Caton puiſſe ſe reſoudre à fuir devant Ceſar? Et que comme Hannibal il ſoit jamais reduit à errer en Afrique, & à mendier du ſecours de Royaume en Royaume?

JUBA.

JUBA.

Peut-etre, Caton, que mes soins sont trop empressez, mais je voudrois tacher de conserver une Vie si chere. J'ai le coeur percé de Douleur quand je vois tant de Vertu accablé sous le Poids de tant de Malheurs.

CATON.

Je suis obligé à ton Coeur genereux. Mais sache, Jeune Prince, que la veritable Vertu s'éleve au dessus de ce que le Monde appelle Malheurs & Infortunes. Ce ne sont point des Maux: Car s'ils l'étoient, ils ne seroient jamais le Partage des Gens de Bien, & des Favoris du Ciel. Les Dieux, dans leur sage Providence, forment autour de nous des Tempêtes qui fournissent aux Hommes l'Occasion de ramasser toutes leurs Forces, & de faire éclater des Vertus qui fuyent le Jour, & qui demeurent ensevelies dans le Calme de la Vie.

JUBA.

Je suis ravi, lors que j'entens vas Divins Discours? Je brule de l'Amour de la Vertu: & toutes les Facultez de mon Ame n'aspirent à autre chose.——

CATON.

Si tu aimes les Vertus laborieuses, les Veilles, l'Abstinence, & la Fatigue, tu peux les apprendre de Caton! Tu appendras de Cesar ce que c'est que la Fortune!

JUBA.

La meilleure Fortune qui puisse arriver à Juba, depend entierement de Caton.

CATON.

Qu'est ce que Juba vient de dire? Ses Paroles m'embarrassent.

JUBA.

JUBA.

Permettez moy de les rappeller : Elles me sont échappées & ne portoient sur rien. ———

CATON.

Jeune Prince, dis-moy ce que tu souhaites, & ne me deguise pas tes Sentiments.

JUBA.

Ils sont téméraires, permettez que je les cele. ——

CATON.

Qu'est ce que Juba peut demander, & que Caton peut lui refuser?

JUBA.

Je tremble de le dire —— Marcie —— partage toutes les Vertus de son Pere. ——

CATON.

Qu'est ce que tu veux dire par là ?

JUBA.

Caton vous avez une Fille. ——

CATON.

Adieu, Jeune Prince : Je ne voudrois pas t'entendre proferer une Parole, qui pût diminuër l'Estime que j'ai conceuë de Toy. Souvien toy que la main du Ciel est appesantie sur nous, & qu'il demande la Severité dans tous nos Sentiments. Il ne faut maintenant parler d'autre chose que de Fers ou de Victoire; de Liberté, ou de Mort. [*Il sort.*

SCENE

SCENE III.

SYPHAX, JUBA.

SYPHAX.

Qu'est ce je vois ? mon Prince, vous voilà dans le Trouble & dans la Confusion! Il sembleroit à vous voir que vous ayez été reprimandé par quelque severe Philosophe.

JUBA.

Syphax, c'en est fait de moy!

SYPHAX.

J'en suis persuadé.

JUBA.

Je suis perdu dans l'Esprit de Caton.

SYPHAX.

Et dans celui de tout le Monde.

JUBA.

Je lui ai fait connoitre ma foiblesse, & mon Amour pour Marcie.

SYPHAX.

Ah! Sans doute Caton est un Homme trés propre pour étre depositaire d'un Secret Amoureux! ——

JUBA.

JUBA

Ah! J'en ai tant de Regret, que j'ai envie de percer ce Coeur qui a pu trahir ma foiblesse! Il n'y a jamais eu de Mortel si malheureux que Juba?

SYPHAX.

Helas! Mon Prince que vous étes changé depuis quelque Tems! Je vous ai veu autrefois devancer le Lever du Soleil pour battre le Fort du Tygre, ou pour chercher le Lion, dans son Repaire affreux. Dieux! Quelle Joye éclatoit sur vôtre Vilage lors que vous l'aviez lancé! Je vous ai veu dans le plus fort de la Chaleur de la Canicule, le chasser jusqu'à ce que l'ayant reduit aux Abbois, vous l'attaquiez à coups d'Epieu & meprisant les furieuses Atteintes de ses Griffes, vous terrassiez ce fier Ennemy écumant de Rage, & couvert de larges Blessures!

JUBA.

Je t'en prie ne me parle plus de cela.

SYPHAX.

Quelle Joye avoit le bon Roy vôtre Pere de vous voir soupeser les Pattes de la Bête que vous aviez fait garnir d'Or, & jetter sur vos Epaules ses veluës Depouilles!

JUBA.

Tous tes Contes de Viëillard sont hors de Saison, & n'ont aucun Agrément pour moy, dans la Situation ou je suis: Dieux! Caton indigné & Marcie perduë sans Espoir de Retour!

SYPHAX.

Jeune Prince, je pourrois vous donner un bon Avis: Marcie pourroit encore étre a vous.

JUBA.

JUBA.

De quelle maniere, mon cher Syphax?

SYPHAX.

Juba commande les braves Numides, montez ſur des Courſiers qui ne peuvent ſouffrir le Frein, & qui ſont plus vites que les Vents. Vous n'avez qu' à dire le Mot, & nous enleverons cette Belle.——

JUBA.

Des Penſées ſi noires peuvent elles monter au Coeur d'un Homme? Voudrois-tu abuſer de ma Jeuneſſe, & me porter à faire une Action qui fletriroit mon Honneur?

SYPHAX.

Dieux! Peu s'en faut que je ne m'arrache les Cheveux de vous entendre parler de la ſorte! l'Honneur n'eſt qu'une belle Idée, qui n'exiſte que dans l'Imagination, & qui par ſes vains Appas ſeduit les Jeunes Gens ſans Experience, & en leur faiſant pourſuivre des Ombres & des Chimeres, les plonge dans des maux réels.

JUBA.

Voudrois tu degrader ton Prince, & en faire un Scelerat & un Raviſſeur?

SYPHAX.

Les Ancêtres de ces Hommes tant vantez, & dont vous admirez tant les Vertus, n'étoint que de tels Scelerats! Un Raviſſement a jetté les Fondements de cette Rome immortelle, la Terreur des Nations, dont le vaſte Empire renferme tout ce que le Soleil éclaire. Vos Scipions, vos Ceſars, vos Pompées, & vos Catons, ces Dieux de la Terre,

Terre, que font-ils que l'Engeance Impure du Viol des Sabines?

JUBA.

Syphax, je crains que tes Cheveux gris couvrent une Tete remplie de noires Trames, & de Complots Africquains.——

SYPHAX.

En Verité, mon Prince, vous n'avez pas encore asséz étudié les Hommes pour les connoitre: Jeune comme vous étes, vous admirez les Elans & l'Enflure d'une Ame Romaine; Les Saillies de Caton, & les Transports extravagans de sa Vertu——

JUBA.

Si la Science du Monde rend un Homme perfide, puisse Juba rester toujours dans l'Ignorance!

SYPHAX.

Allez vous étes Jeune——

JUBA.

Juste Ciel! Puis j'entendre & souffrir un tel Language! Va, tu n'es qu'un vieux Traitre.——

SYPHAX *à part.*

J'ai poussé l'Affaire trop loin.——

JUBA.

Caton saura ta lache Perfidie.——

SYPHAX *à part.*

Il faut que j'appaise cette Tempête, ou que j'y perde la Vie.

a Juba,

à Juba.

Jeune Prince, regardez, je vous en conjure, ces Cheveux qui ont blanchi ſous le Caſque, au Service de vôtre Pere. ——

JUBA.

Tes Cheveux blancs ne mettront pas ton Inſolence à couvert.

SYPHAX.

Faut il qu'une Parole, qui échape à un infirme Vieillard, renverſe tout le Merite de ce qu'il a fait dans la Vigueur de ſon Age? Eſt ce là la recompenſe d'une Vie que j'ai paſſée à votre Service! [*à part*] J'enrage—— Avec quelle Fierté il m'écoute!

JUBA.

Eſt ce parce que le Throne de mes Ancêtres n'eſt pas rempli & que la Couronne de Numidie eſt encore chancellante, que tu as l'Audace d'inſulter ton Prince?

SYPHAX.

Pourquoy me percez vous le Coeur par de tels Reproches? Les vieux Syphax ne vous ſuit-il pas à la Guerre? Nonobſtant la Foibleſſe de ſon Bras, ne charge t-il pas ſa tremblante Main de Javelots, & ne couvre t il pas d'un Caſque ſon Front ridé? A quoy eſt ce qu'il aſpire? A-t-il d'autre Ambition que de verſer pour vôtre Defenſe le peu qui lui reſte de Sang?

JUBA.

Syphax, briſons-là deſſus. Je ne veux plus t'écouter.

SYPHAX.

Quoy! Ne plus m'écouter! Lors qu'on attaque ma Fidelité envers mon Prince, envers le Fils du Roy mon Maître?

tre? Mon Prince peut prononcer l'Arrêt de ma Mort, & m'oter l'Usage de la Parole: Mais pendant que je vis, je ne saurois demeurer dans le Silence, & trainer une Vie languissante dans son Indignation.

JUBA.

Tu ne connois que trop bien le Foible de mon Coeur! Je te crois fidelle à ton Prince.

SYPHAX.

Quelle Preuve plus éclatante en pouvois-je donner? Je me suis offert de me preter à une Action que je deteste au Fond du Coeur, pour vous rendre Maitre de l'Objet de vôtre Amour, à quelque prix que ce fût.

JUBA.

N'avois tu autre chose en Veuë? J'avouë que j'ai eté trop prompt.——

SYPHAX.

Et pour cela seul, vous m'avez traité de Traitre.

JUBA.

Tu te trompes, sans doute: Je ne t'ay pas traité de la sorte.

SYPHAX.

Pardonnez moy, mon Prince, vous m'avez appellé Traitre; & de plus, vous m'avez menacé de vous plaindre de moy à Caton? Quelles Plaintes Seigneur, pouvez vous porter à Caton? Si ce n'est que Syphax vous aime avec trop d'ardeur, & qu'il est prêt à sacrifier sa Vie, que dis-je, son Honneur même pour vous servir?

JUBA.

JUBA.

Syphax, je ſai que tu m'aimes ; mais certainement tu as porté trop loin ton Zele pour ton Prince. L'Honneur eſt un Devoir ſacré : c'eſt une Loy ſuperieure aux Roys mêmes ; c'eſt une Perfection qui caracteriſe les Ames nobles ; & qui ſoutient & fortifie la Vertu, lors qu'elles ſe rencontrent dans le même ſujet ; ou qui du moins fait que ceux qui n'ont pas la Vertu même, tachent de l'imiter : Enfin l'Honneur eſt ce qu'il y a de plus reſpectable parmi les Hommes, & l'on ne doit jamais y donner la moindre Atteinte.

SYPHAX.

Par le ſoleil qui nous éclaire, je ſuis charmé de vous entendre parler de la ſorte, quoy que vos Paroles ſoint autant de Reproches pour moy. Helas ! J'avois cru ingenument juſqu'ici qu'un Zele aveugle & officieux pour le Service de ſon Prince, étoit le ſeul Motif qui devoit faire agir un Sujet, & la Paſſion qui devoit enflamer, ou plutôt éteindre toutes les autres. Heureux les Peuples qui conſervent leur Honneur en rempliſſant les mêmes Devoirs qui les attachent à leur Souverain !

JUBA.

Syphax, je commence à te reconnoitre dans ce Diſcours. La Numidie eſt devenuë le Mepris des Nations par ſa Perfidie : & la *Foy Punique* eſt notée d'Infamie, & a paſſé en Proverbe, pour dire Trahiſon, & Mauvaiſe Foy. Syphax, faiſons nos Efforts pour ôter l'Opprobre de nôtre Patrie, & pour rétablir ſa Reputation.

SYPHAX.

Seigneur, vos ſages Diſcours me font verſer des Larmes de Joye. Si jamais vous portez la Couronne de vôtre Pere, les Preceptes de Caton rendrout la Numidie heureuſe & floriſſante.

JUBA.

JUBA.

Syphax, que je t'embraſſe. Oublions l'un & l'autre ce qui s'eſt paſſé, & qui n'eſt que l'Effet ou de la Chaleur de la Jeuneſſe, ou de l'Humeur chagrine de la Vieilleſſe : Ton Prince connoit ton Merite, & a de l'Eſtime pour toy. Si jamais le Sceptre me tombe en Partage, tu peux compter que tu ſeras la ſeconde Perſonne de mon Royaume.

SYPHAX.

Seigneur vous m'accablez de Bontez, & je ne me ſens pas de Joye.——

JUBA.

Adieu, Syphax : Je vais chercher l'occaſion de me remettre bien dans l'Eſprit de Caton. Je prefere l'Approbation de ce grand Homme à l'Admiration de toute la Terre. [*Il ſort.*

SCENE IV.

SYPHAX *Seul.*

Les Jeunes Gens ſont egalement prompts à faire un Affront, & à l'oublier. Les Vieillards ſont tout le contraire ——*Vieux Traitre*! Jeune Etourdy, ces Paroles pourroient le couter bien cher. J'avois encore quelque folle tendreſſe pour Toy; mais c'en eſt fait, je la bannis pour jamais. Ceſar je ſuis abſolument à Toy.

SCENE V.

SYPHAX, SEMPRONIUS.

SYPHAX.

Eh bien! Sempronius, le Senat de Caton a resolu de soutenir un Siege, avant que de se rendre.

SEMPRONIUS.

Syphax, nous avons été toy & moy sur le bord du Precipice: Lucius s'est declaré pour la Paix, & un Ambassadeur est venu de la Part de Cesar, pour offrir des Conditions honnorables à Caton. S'ils se soumettoient avant l'Execution de nôtre Dessein, nous serions l'un & l'autre envelopez dans la Ruïne générale, & absorbez dans un commun Naufrage.

SYPHAX.

Dans quelle Assiete est Caton?

SEMPRONIUS.

N'as tu jamais veu comme le Mont Atlas demeure immobile, & porte sa Cime orgueilleuse dans la Nuë, pendant que l'Orage gronde sous sa Téte, & que les Vagues de l'Ocean viennent se briser à ses Pieds! Tel est cét Homme Superbe: Son Ame altiere soutient avec une Fermeté inébranlable les Atteintes du Sort, & s'élevant au dessus de sa mauvaise Fortune regarde Cesar avec Mepris.

SYPHAX.

Mais quel est cét Ambassadeur?

SEMPRONIUS.

Je l'ai pratiqué adroitement; & j'ai trouvé le Moyen de faire ſavoir à Ceſar que Syphax & Sempronius ſont de ſes Amis. Mais que je t'interroge à mon Tour—— Juba eſt-il enfin determiné?

SYPHAX.

Oui, mais c'eſt en faveur de Caton: J'ai tout mis en uſage pour tacher de le gagner: Je me ſuis ſervi de Raiſons, de Prieres, de Careſſes; Je me ſuis emporté, je me ſuis radouci; je lui ai repreſenté que ſa Seureté, ſa Vie, ſon Interêt, enfin tout ce qu'il avoit de plus cher, devoit le porter à ſuivre mes Conſeils: Mais je n'ai rien avancé; il n'a de l'Attention que pour Caton.

SEMPRONIUS.

Eh! bien, n'importe, nous ferons nos Affaires ſans lui: il fera une aſſez jolie Figure dans un Triomphe, & marchant devant le Char du Vainqueur, ſa bonne Mine brillera aux Yeux des Dames Romaines.—— Mais à propos, Syphax, je me flate que tu as entierement abandonné les Interêts de Juba, & que tu ne ſerois pas faché que je poſſedaſſe Marcie.——

SYPHAX.

Je ſouhaite au contraire de tout mon Coeur qu'elle ſoit à vous.

SEMPRONIUS.

Syphax, j'aime cette Belle, & je l'aime malgré moy même; je fais tout ce que je puis pour me detacher de ce charmant Objet, & je n'en ſaurois venir à bout.

SYPHAX.

Assuere toy de la Personne de Caton, livre Utique, & Cesar ne te refusera pas si peu de chose; mais tes Troupes sont Elles disposées à la Revolte?

SEMPRONIUS.

Tout est prêt pour nôtre Dessein. Les Chefs des Factieux sont à nous, & ils ne cessent de souffler le Murmure & le Mecontentement aux Soldats. Ils ne s'entretiennent que de leurs penibles Marches, de leurs longues Fatigues, de leurs Travaux; de la Faim & de la Soif qu'ils ont souffert; & ils disent hautement qu'ils ne veulent plus endurer ce Melange bizarre de Philosophie & de Guerre. Dans moins d'une heure ils vont donner l'Assaut au Senat.

SYPHAX.

Eh bien! en attendant je m'en vai exercer mes Troupes Numides dans la grande Place pour les tenir en haleine & étre à portée de te seconder. Je sens par avance un Secret Plaisir, lors que je me represente le Regard affreux de vôtre inébranlable Caton, lors qu'inopinément il verra l'Orage fondre sur lui de toutes Parts. Ainsi dans nos vastes Deserts de Numidie, lors que l'Ouragan impetueux forme un furieux Tourbillon dans les Airs, & enleve des Plaines entieres de Sable, le Voyageur éperdu, voit d'un Oeil effaré le sterile Desert qui s'éléve autour de lui, & demeure enseveli sous la Poudre qui l'a suffoqué.

Fin du Second Acte.

ACTE

ACTE TROISIEME.

SCENE PREMIERE.

MARCUS, PORTIUS.

MARCUS.

E rends graces au Ciel de ce que dans le Cours d'une Vie remplie de Traverses j'ay du moins trouvé un Amy : La Nature, par son Influence secrete, m'a donné un Penchant pour Portius, & m'a porté à l'aimer, avant même que je connusse son Merite, & aprés l'avoir connu, ce qui n'etoit qu' Instinct est devenu parfaite Amitié.

PORTIUS.

Cher Marcus, ce que le Monde appelle Amitié, n'est la plus part du Tems qu' une Societé criminelle, ou tout au plus qu' une foible Liaison formée par la Communication des Plaisirs: La nôtre a pour Fondement la Vertu la plus severe, & une telle Amitié ne finit qu' avec la Vie.

MARCUS.

Portius, je t'ai decouvert le Foible de mon Cœur: Je t'en conjure, aye de l'Indulgence pour ma Tendresse: Flate mon Amour, & je te promets que je soumettray toutes mes autres Passions aux Regles les plus severes de la Vertu.

POR-

PORTIUS.

Lors que l'Amour eſt bien placé, & qu'il n'eſt pas hors de ſaiſon, ce n'eſt pas un Defaut que d'aimer: Les Ames Nobles & Vertueuſes, les Heros & les Philoſophes ſe rendent aux Charmes vainqueurs de cette douce Paſſion. Je n'exige pas de vous que vous la banniſſiez de vôtre Coeur, je ſai que ce ſeroit en vain : Mais ſeulement que vous en ſuſpendiez les Mouvemens, juſqu'à ce qu'un Tems plus favorable les autoriſe.

MARCUS.

Helas! Vous parlez en Homme qui n'a jamais ſenti les Inquietudes, les Peines, & les Tranſports d'une Ame qui voit dans l'Eloignement l'Objet de ſes ardens Deſirs. Un Amant ne vit pas comme le reſte des Hommes: Il ne meſure le Tems que par les differens Mouvemens de ſa Paſſion. Oui, cher Portius, abſent de la belle Lucie, la Vie m'eſt un Fardeau inſupportable ; & cependant lors que je revois ce charmant Objet je ſuis encore mille fois plus malheureux: La Crainte & l'Eſperance, l'Amour, la Rage, & le Deſeſpoir, élevent en même tems des Tempêtes dans mon Ame, & mon Coeur eſt dechiré par ces Differentes Paſſions.

PORTIUS.

Queſt-ce que ton Frere Portius peut faire pour te ſoulager?

MARCUS.

Cher Portius, tu as le Bonheur de jouïr ſouvent de l'Entretien de cette Belle, je t'en ſupplie prens ma Cauſe en Main; parle lui en ma faveur, avec toute l'Eloquence que l'Amour fraternel & l'Amitié peuvent t'inſpirer. Dit-lui que ton Frere traine une Vie languiſſante; que le Feu dont il brule le devore & le conſume; qu'il ne goute plus le doux Sommeil, & qu'il ſe refuſe les Alimens; que la Jeuneſſe, la Santé, & la Guerre même n'ont plus d'Attraits pour lui: Enfin, fais lui une vive Peinture des Inquietudes qui m'agitent Nuit & Jour, & des Tourments que tu vois que je souffre.

PORTIUS.

Marcus, je t'en conjure ne me charge pas d'un soin qui me convient si peu —— Tu connois mon Temperament---

MARCUS.

Peux-tu me voir prêt à être submergé dans un Abyme de Maux, & refuser de me tendre ton Bras secourable pour m'en tirer?

PORTIUS.

Marcus, je n'ay rien à te refuser: Mais pour ce que tu me demandes, j'ai mille Raisons——

MARCUS.

Je sai que tu pourras me dire que ma Passion est hors de Saison; que le grand Exemple & les Malheurs de Caton, doivent conspirer à la bannir de mon Coeur. Mais, helas! Que toutes ces Raisons sont foibles lors qu'on aime comme moy! Ah! Portius, Portius, je souhaiterois de toute mon Ame que tu sçusses ce que c'est qu'aimer. Si tu le savois, je suis persuadé que tu aurois pitié de ton Frere, & que tu ne refuserois pas de le servir.

PORTIUS *à part.*

Ciel! Que dois-je faire dans cét Embarras? Si je lui decouvre mon Amour, je perds son Amitié; & si je le lui cache, je manque aux Devoirs d'un Amy, & d'un Frere.

MARCUS.

Mais n'est-ce pas Lucie qui à l'heure accoutumée vient jouir du frais Zephyre sous ce Portique de Marbre, à couvert des

des Ardeurs du Soleil? Cher Portius, regarde ce Port, ce Visage, ces Traits, ces Yeux, ce Chef-d'Oeuvre des Cieux —— Fais-y bien Attention, & aprés cela, condamne, si tu peux, ma Passion.

PORTIUS.

Elle nous apperçoit, & s'avance.——

MARCUS.

Je vous laisse pour un Moment : Souviens-toy, mon cher Portius, que la Vie de ton Frere depend de ce que tu diras. [*Il sort.*

SCENE II.

LUCIE, PORTIUS.

LUCIE.

N'est-ce pas vôtre Frere Marcus que je viens de voir en ces Lieux? Pourquoy évite-t-il ma Presence?

PORTIUS.

Ah! Charmante Lucie, il n'est pas possible de trouver des Paroles assez fortes pour exprimer la Violence de son Amour, & du Feu qui le consume. Il languit, il gemit, il soupire, il s'abandonne au Desespoir, enfin il est prêt à expirer. Sa Passion & sa Vertu forment un Cahos si bizarre & si tumultueux, qu'on ne reconnoit plus en lui l'Homme raisonnable. Ciel! Qui croiroit que l'Amour pût causer un si grand Desordre dans une Ame noble! Ah! Lucie, je ne sai plus moy même ou j'en suis! Mon Coeur partage tous les Maux de mon Frere; & même en ce Moment que j'ai le Bonheur de jouir de vôtre Presence, un

Trouble ſecret s'eleve dans mon Ame éperduë, accable mes Sens, & me rend malheureux au milieu de la Felicité même.

LUCIE.

Dans ce violent Combat de l'Amour & de l'Amitié, faites bien Attention à vôtre Gloire. Songez, Portius, que l'Hymen qui pourroit autoriſer nos Feux, pourroit en même tems mettre le comble à la Douleur de vôtre Frere, & le coucher au Tombeau.

PORTIUS.

Infortuné Jeune Homme! Le croiriez vous, Lucie, il a le Coeur ſi généreux, & ſi éloigné de toute Defiance, qu'il a fait Confidence de ſon Amour à ſon Rival, & l'a inſtamment prié d'agir pour lui auprés de l'Objet de ſes Voeux. Ainſi, je vous en conjure, n'achevez pas de l'accabler par vos Mepris: Vous voyez qu'il touche au Terme fatal; ayez ſoin d'une Vie qui m'eſt ſi chere, en lui laiſſant entrevoir quelque foible Rayon d'Eſpérance. Peut-etre que lors que les Nüages qui nous menacent ſeront diſſipez, & que la Tempête dont nous ſommes agitez ſera calmée.——

LUCIE.

Non, non, Portius! J'ai fait Reflexion ſur les Malheurs qui accompagneroient nôtre Hymenée: Je me repreſente les Larmes d'une Soeur, l'Indignation d'un Pere, & la Mort d'un Frere: Ainſi, Portius, je jure par ce qu'il y a au Ciel de plus Saint, & par les Puiſſances qui jugent les Mortels, que je ne joindrai jamais ma Main à la vôtre, pendant que nous ſerons expoſez à tant de Maux! & qu'au contraire je tacherai d'oublier nos Amours, & s'il ſe peut, de vous bannir entierément de ma Memoire.

PORTIUS.

Dieux! Quelles Paroles viens je d'entendre! Rappellez les, je vous en conjure, ou c'en eſt fait de Moy.

LUCIE.

J'ai fait le Voeu; les Dieux l'ont ouï, & l'ont confirmé: Puisse la Peine la plus severe deuë au Parjure tomber sur ma Tête, si je le fausse.———

PORTIUS, *aprés avoir demeuré quelque tems interdit.*

Je suis tout interdit, & je vous regarde avec le même étonnement, qu'un Homme frapé de la Foudre; qui doutant s'il est encore en Vie, contemple d'un Oeil effaré les Objets qui l'environnent, & qui est lui même le triste Objet de l'Indignation du Ciel.

LUCIE *à part*,

J'ai enfin exercé toute ma Rigueur; mais, helas! Je sens ma Tendresse qui revient, & qui s'empare de mon Coeur. Les Larmes vont m'échaper ---- Mais, quoy! Ne saurois je les retenir & ne plus penser à lui?

à Portius.

Le Destin m'arrache de vous: Il faut que je vous oublie---

PORTIUS.

Ah! Cruelle, avez vous la Dureté!----

LUCIE.

Arretez, Portius, retenez des Reproches qui me percent jusqu'à l'Ame. Pourquoy me regardez vous avec Dedain? Vôtre Froideur me glace le Sang, & me fait ressentir les Approches de la Mort. Les Dieux ne nous permettent pas de nous abandonner à la Tendresse; Mais, helas! je ne saurois soûtenir vos Mepris!

PORTIUS.

Non, non, ne parlez pas de Tendresse, vous ne connutes jamais la Force de l'Amour. J'ai été deceu, & le Bonheur dont je me flatois n'étoit qu'un Songe trompeur. Ah! cruelle Lucie! Vôtre funeste Voeu retentit encore à mes Oreilles, & m'annonce le Trepas.--- Que ferai-je, que dirai-je? Vite, fuyons sa Presence fatale —— Ah! Elle évanoüit! Elle expire! Malheureux que je suis! Qu'est ce que je viens de faire! Lucie, charmante Lucie, dont j'ai attaqué l'Innocence par d'injustes Reproches! Vivez, ma chere Lucie, la plus vertueuse, & la plus belle de vôtre Sexe; Vivez, ou Portius va plonger son Epée dans son Sein pour vous suivre ----Vos Imprecations ne vont pas au delà du Tombeau, & n'empecheront pas que mon Ombre ne soit la Compagne éternelle de la vôtre —— Mais Elle revient? Et la Vie commence à ranimer ses Attraits. ————

LUCIE.

Ah! Portius, n'avez vous pas Tort d'accabler par vos Mépris, celle dont la Vie depend de vôtre Estime; & de douter de la Foy de celle qui est sur le point d'expirer à vos Yeux; Qui vous aime plus que Femme n'a jamais aimé —— Mais qu'est ce que dis? Où s'abandonne ma Tendresse? Mon Coeur, à peine revenu du Trouble ou vous l'avez plongé, oublie le Voeu qui lie mon Ame: Un Abysme de Maux nous separe —— Il ne faut plus nous voir.

PORTIUS.

Ah! ne prononcez pas un si cruel Arrêt: Mes Sens en sont accablez —— & ma Raison cede aux violens Transports que cette Pensée éleve dans mon Ame.

LUCIE.

Que voudriez vous que je fasse? Faites bien Reflexion, je vous prie, sur la Foule de Malheurs que nôtre Hymen traineroit

traineroit aprés lui. Representez vous un Frere qui poussé par le Desespoir, auroit plongé le Poignard dans son Sein, & qui les Mains fumantes de Sang accableroit le Ciel de Reproches, & feroit des Imprecations contre vous? Voyez un Pere vénérable qui d'un Air sévére vous demande la Cause, la funeste Cause qui lui enleve un Fils! Regardez Marcie desolée & tremblante, qui s'arrache les Cheveux, & qui, dans les furieux Transports de sa Douleur, s'en prend à Lucie même! Qu'est ce que Lucie pourroit lui repondre? Comment pourroit elle soutenir la Veüe de tant d'Horreurs?

PORTIUS.

A ma Confusion, il faut que je souscrive à l'Arrêt fatal qui va me plonger dans un éternel Ennuy. Le Nüage qui offusquoit ma Raison commence à se dissiper; & même à travers les Horreurs du Voeu fatal que vous venez de faire, vous me paroissez plus belle, plus aimable, & plus charmante que jamais. Le Ciel éclaire vôtre Esprit; & vôtre Vertu rehausse l' Eclat de vôtre Beauté: Enfin vous étes toute Divine——.

LUCIE.

Portius, n'en dites pas d'avantage!—— Vos Paroles me touchent jusqu'au fond du Coeur; ma Fermeté s'ébranle & succombe; & je ne suis plus que Tendresse. Pourquoy vos Yeux sont ils baignez de Larmes? Pourquoy vous abandonnez vous à la Douleur? Ah! un tel Objet m'attendrit trop—— Adieu, mon cher Portius, adieu—— quoy qu'il m'en coute la Vie, adieu pour jamais.——

PORTIUS.

Arretez, Lucie, arretez: Qu'avez vous dit? Pour jamais?

LUCIE.

Ne l'ay-je pas voüé? Oüi Portius, si le succez de vos Feux doit porter vôtre Frere au Desespoir. Adieu——puis je repeter le Mot fatal? Adieu pour jamais?

PORTIUS.

Arretèz, Divine Lucie! Mon Ame est attachée à la vôtre, & je ne puis me separer de vous qu'en me plongeant dans des Regrets mortels: Ainsi lors qu'une Lampe est prête à s'éteindre, la Flamme tremblante s'envole & revient tour à tour, & ne quitte qu'avec Peine ce qui lui donnoit la Vie——

LUCIE.

Si la Fermeté de Portius est ébranlée par nôtre Separation: Jugez ce que Lucie doit souffrir!

PORTIUS.

Il est vray que j'ai soûtenu avec Constance & avec Tranquilité les Traverses ordinaires de la Vie: Mais ce Torrent de Maux qui vient inopinément fondre sur moy me terrasse, & vient à bout de ma Fermeté. Non, je ne puis consentir à nôtre Separation——

LUCIE.

Que dites vous, Portius? Avez vous deja oublié le Voeu que j'ai fait? N'y a-t-il pas des Dieux & des Foudres? Mais voici vôtre Frere Marcus qui s'avance—— je fremis à sa veüe. Encore une fois—— Adieu, Portius, adieu: Songez que vous me faires Injustice, si vous croyez qu'un Coeur puisse aimer plus tendrement, ou ressentir plus de Douleur que le mien. [*Elle sort.*

SCENE III.

MARCUS, PORTIUS.

MARCUS.

Portius qu'est-ce qu'il y a à esperer? Dans quelle Disposition l'avez vous trouvée? Quel est mon Sort?

POR-

PORTIUS.

Que veux-tu que je te dise?

MARCUS.

Que veut dire cét Air reveur? Vous paroissez frappé d'Etonnement & de Crainte.——

PORTIUS.

Ah! Je n'en ai que trop de Sujet!

MARCUS.

Vôtre Abbatement & vôtre Desordre me disent assez mon Destin : Je ne vous demande plus le Succez de vos Soins.——

PORTIUS.

Je suis faché de m'en étre chargé——

MARCUS.

Quoy! Est-ce que l'Inhumaine insulte à mon Amour, & triomphe de mon Martyre? Ah! que ne puis-je la bannir de mon Coeur!

PORTIUS.

Vôtre Douleur vous rend trop soupçouneux : Quoy que Lucie ait juré de ne jamais aimer, Elle ne laisse pas de vous plaindre, & d'avoir Pitié de vos Peines.

MARCUS.

Elle me plaint, & a Pitié de mes Peines! Helas! qu'est ce que la Pitié sans Amour? Insensé que je suis, d'avoir choisi un si tiede Amy pour parler en ma Faveur? Elle a

Pitié de mes Peines! Je t'en conjure, dis moy de quelles Raisons tu t'es servi pour obtenir cette grande Grace? Elle a Pitié de moy! Ah! Sache que lors qu'un Coeur qui brule d'une ardente Flamme, & qui s'attend à un doux Retour, ne trouve que de la Pitié, cette Pitié est pour lui un cruel Mepris, aussi fatal que la Mort même.

PORTIUS.

Je t'en prie, Marcus, brisons là dessus—— Ai-je merité d'être traité de la sorte?

MARCUS.

Qu'ai je dit, cher Portius? Excuse, je t'en prie, mon Emportement: Un Esprit accablé de tant de Maux s'en prend à tout; il se fache contre son Amy, contre soi-même—— Mais quel Bruit de Guerre frappe me Oreilles? Quelle est cette nouvelle Alarme?

PORTIUS.

Le Bruit redouble, & s'approche de nous.——

MARCUS.

Ah! qu'il me seroit doux de mourir glorieusement les Armes à la main! Lucie je suis la Victime de tes Mepris; & dans les Tourmens que j'endure je n'attends du Soulagement que du Trepas.

PORTIUS.

Vite partons——Qui sait si la Vie de Caton est en seureté? Ah! Marcus, ce Soin me remplit d'Ardeur, & me fait voler au Combat & à la Gloire. [*Ils sortent.*

SCENE

SCENE IV.

SEMPRONIUS, *Suivi des Chefs des Revoltez.*

SEMPRONIUS.

Enfin la Tempête est élevée, & gronde de toutes Parts: Ayez soin, mes Amis, d'en augmenter la Fureur jusqu'à ce qu'elle creve sur la Tête de Caton. Cependant je vais me ranger parmi ses Amis, & faire semblant d'étre de leur Nombre, afin que quoy qu'il arrive les miens soient en Seureté.

Un des Chefs de la Revolte.

Nous sommes tous en Seureté: Sempronius est nôtre Amy, & Sempronius n'est pas moins brave que Caton. Mais le Voici qui vient: Marchez hardiment à lui; jettez le par Terre, & chargez le de Chaines: Ce jour va finir nos Fatigues & nos Travaux; ne craignez rien puis que Sempronius est nôtre Amy.

SCENE V.

CATON, SEMPRONIUS, LUCIUS, PORTIUS, MARCUS, *Chefs des Revoltez.*

CATON.

Où sont ces intrepides Fils de Mars, qui avec tant de Bravoure tournent le Dos à l'Ennemy, & qui avec tant d'Audace se revoltent contre leur General?

SEM.

SEMPRONIUS *à part.*

Que le Ciel confonde ces Ames Laches! Comme ils ſont étonnez & éperdus!

CATON.

Perfides! Eſt-ce ainſi que vous voulez fletrir vos Lauriers, & ternir vôtre Reputation? Reconnoiſſez vous donc que ce n'étoit ni Zele pour la Patrie, ni l'Amour de la Liberté, ni le Deſir de la Gloire; mais ſeulement l'Avidité, du Butin, & l'Eſperance de partager les Depouilles des Villes & des Provinces conquiſes, qui vous ont conduits ici? Animez de tels Motifs vous faites bien de vous joindre aux Ennemis de Caton, & de vous ranger ſous les Etendarts de Ceſar. Pourquoy ai je échapé à la Morſure fatale de l'Aſpic, & aux mortelles Atteintes des Monſtres de l'Afrique, pour voir ce que je vois aujourd'huy? Pourquoy Caton n'eſt il pas mort ſans que vous fuſſiez Criminels? Voilà, Ingrats, voilà mon Sein prêt a recevoir vos Coups: Que celui à qui j'ai fait Injuſtice frappe le premier. Parlez —— Quel de vous croit avoir Sujet de ſe plaindre, ou s'imagine qu'il ſouffre plus que Caton? Y a t-il quelque Diſtinction entre vous & moy, ſi ce n'eſt dans les Travaux dans les Soins, & dans les Veilles, dont j'ay la plus grande Part? N'eſt ce pas là toute la Superiorité que j'ay ſur vous?

SEMPRONIUS *à part.*

Le Cœur leur manque: Maudits ſoient ces Traitres! Tout eſt perdu.

CATON.

Avez vous oublié les Deſerts brulants de la Lybie, ſes Rochers ſteriles, ſes Montagnes de Sable; ſon Air infecté, & ſes diverſes Eſpeces de Serpens? Qui a été le premier à frayer un Chemin, lors que la Mort ſe preſentoit à chaque Pas, dans une Route inconnuë? Ou, qui eſt ce qui dans une longue & penible Marche, étoit le dernier de l'Armée à étancher sa soif, lors que sur les Bords d'un Ruisseau que la Fortune nous avoit fait rencontrer, vous tarissiez le Courant, en beuvant à longs Traits?

SEMPRONIUS.

Si par hazard ou trouvoit quelque petite Source, & que vous offrissiez à Caton l'Eau vive dont a peine vous aviez pu remplir un Casque, ne la repandoit il pas sans y toucher? N'a t-il pas marché à vôtre Tete pendant les plus ardentes Chaleurs du Jour, & à travers les Nuages de Poussiere? Son Front à t-il eté moins exposé que le vôtre aux Traits du Soleil &, à la Sueur?

CATON.

Loin d'ici, Infames, loin d'ici—— allez vous plaindre à Cesar, que vous ne pouviez pas soutenir les Travaux & les Fatigues que vôtre General essuye.

LUCIUS.

Voyez, Caton, voyez comme ces Malheureux fondent en Larmes! La Crainte, les Remords & le Repentir sont peints sur leur Visage; & vous demandent Grace.

CATON.

Rentrez dans le Devoir, livrez vos Chefs, & je vous pardonne.

SEMPRONIUS.

Caton, laissez moy le Soin de ces Scelerats. Il faut premierement les faire rompre sur la Rouë, les faire ensuite empaler vifs; & les laisser exposez aux Injures, & aux Habitants de l'Air. Les Complices de leur Crime apprendront à obeir lors qu'ils verront ces Traitres ou secher au Soleil, ou servir de Pature aux Corbeaux.

LUCIUS.

Sempronius, pourquoy aggravez vous le Sort de ces Miserables?

SEMPRONIUS.

Quoy voulez vous pallier la Rebellion! Lucius cét Homme de Bien, a pitié des pauvres Malheureux qui ne vouloient que tremper leurs Mains dans le Sang de Caton.

CATON.

C'eſt aſſez, Sempronius! — Faites leur ſouffrir la Mort; mais en les faiſant mourir ſouvenez vous qu'ils ſont Hommes, & ne portez pas leur Supplice au delà de la Severité des Loix. Lucius, la Corruption du Siecle demande que l'on faſſe Juſtice; c'eſt un Frein qui retient un Monde impie, inſolent & porté au Crime — Lors que les Loix humaines previennent la Vengeance celeſte en faiſant perir les Coupables, les Dieux regardent leur Chatiment avec Satisfaction, & laiſſent tomber de leurs Mains la Foudre qu'ils étoient préts à lancer.

SEMPRONIUS.

Caton, j'executerai vos Ordres.

CATON.

De nôtre coté allons ſacrifier à la Liberté: Souvenez vous, mes Amis, des Loix & des Droits de la Republique; de ce juſte Plan de Puiſſance que vous avez receu de Siecle en Siecle, de vos illuſtres Ancêtres. Ne trahiſſez pas un Depôt ſi precieux, & qui a couté tant de Sang; mais transmettez le fidelement à vôtre Poſterite. Et toy, Divine Liberté, inſpire nos Ames; & rens ou nôtre Vie heureuſe en te poſſedant, ou nôtre Mort glorieuſe en te defendant.

SCENE VI.

SEMPRONIUS, *Les Chefs des Revoltez, Gardes.*

1 *Chefs des Revoltez.*

Sempronius, vous vous étes tiré d'affaire en habile Homme: on auroit presque crû que vous parliez serieusement.

SEMPRONIUS.

Loin de moy, Infame! Sachez, Scelerats, Factieux rampans, Traitres sans Coeur.——

2 *Chef des Revoltez.*

Vous poussez le Deguisement un peu trop loin: Sempronius, Laissez tomber le Masque, nous sommes ici tous Amis.

SEMPRONIUS.

Sachez Ames de Bouë, que lors que des vils Esclaves comme vous ont assez de hardiesse pour entrer dans une Conspiration, si elle reüssit on les laisse dans l'Obscurité & dans le Mepris; mais si elle échouë, la Mort est leur Partage, comme vous allez l'éprouver. Gardes, qu'on saisisse ces Monstres de Rebellion, & qu'on les traine promptement au Supplice.

1 *des Chefs des Revoltez.*

Vrayment, puis que nous en sommes là——

SEMPRONIUS.

Vite qu'on les expedie: Mais avant toutes choses arrachez leur la Langue, de peur que même en expirant ils ne sement la Revolte.

SCENE

SCENE VII.

SYPHAX, SEMPRONIUS.

SYPHAX.

Amy, nôtre premier Dessein a échoüé; mais il y a encore une Ressource. Mes Troupes sont à Cheval, & leurs Coursiers Numides marquent par leur Hennissemens l'Impatience qu'ils ont de courir le Desert. Si Sempronius veut se mettre à nôtre Téte & favoriser nôtre Fuite, nous forcerons aisement la Porte que Marcus garde ; nous taillerons en pieces tout ce qui fera mine de s'opposer à nôtre Passage ; & dans un jour nous gagnerons le Camp de Cesar.

SEMPRONIUS.

Ah! J'enrage —— La Moitié de mon Projet m'échape —— il faut que j'abandonne la charmante Marcie.

SYPHAX.

Quoy! Est ce que Sempronius peut avoir la Foiblesse de devenir l'Esclave d'une Femme!

SEMPRONIUS.

Non, non, ne crois pas que ton Amy se prête jamais à une molle & lâche Tendresse. Mais, Syphax, je souhaiterois ardemment de tenir cette fiere Beauté entre mes Bras; de dompter sa sévére Vertu, & de lui faire rendre les Armes à ma Passion —— Cela fait, je l'abandonne.

SYPHAX.

Voilà qui est digne de vous! Mais, Sempronius, puis que vous êtes dans ce Sentiment, ne pourriez vous pas decouvrir où elle est, & l'enlever de vive Force?

SEM-

SEMPRONIUS.

Mais comment avoir Accez auprés d'elle? Car il n'y a que Juba, & les Fils de Caton qui ayent la Liberté de l'approcher?

SYPHAX.

Tu prendras l'Habit & les Gardes de Juba, & les Esclaves qui gardent les Portes de cette Belle, te les ouvriront d'abord que le Prince de Numidie paroitra approcher.

SEMPRONIUS.

Dieux! Quel heureux Projet! Marcie en ma Puissance! Ah! quelle Joye tumultueuse mon Coeur va ressentir lors que je verrai cette Belle faisant une vaine Resistance entre mes Bras, & agitée par les divers Mouvemens de la Crainte & de la Colere, qui tour à tour lui donneront de nouveaux Charmes! Ainsi le Dieu Pluton, ayant ravi Proserpine, mena la Déesse éperduë dans son ténébreux Empire; ou frappé des Attraits de sa Captive, il sourit hideusement, & se crut plus heureux que Jupiter avec son Ciel & son Soleil.

Fin du Troisiéme Acte.

ACTE QUATRIEME.

SCENE PREMIERE.

LUCIE, MARCIE.

LUCIE.

EH! bien Marcie, aprés la Confidence que je viens de te faire, Dis-moy, je t'en conjure, si jamais Femme a souffert de plus grands Maux que ceux que j'endure.

MARCIE.

Ah! Lucie, Lucie, si mon Coeur osoit se decharger des Ennuis qui l'accablent & donner un libre Cours à sa Douleur, tu verrois que je ne suis pas moins malheureuse que toy ; & Marcie pourroit te rendre Soupir pour Soupir, & Larme pour Larme.

LUCIE.

Je sai que ton Etoile veut que tu sois l'Objet des tendres Voeux de Juba, & de Sempronius, Amy de ton Pere: Mais ont-ils l'un ou l'autre le Merite & les Charmes de Portius?

MARCIE.

Ne t'ai je pas dejà priée de ne pas nommer Sempronius? Non, Lucie, je ne saurois aimer cét Homme bruyant & emporté. Pour Juba, avec la Bravoure & la Grandeur d'Ame d'un Heros, il a le Coeur le plus tendre, & il pourroit rendre heureuse la plus fiere de nôtre Sexe, excepté Marcie.

LUCIE.

LUCIE.

Et pourquoy exceptez vous Marcie? c'eſt en vain que vous tachez de cacher vos Sentiments à une Perſonne qui ne connoit que trop le Martyre d'un Coeur amoureux——

MARCIE.

Pendant que Caton reſpire, ſa Fille n'a pas Droit de diſpoſer de ſon Coeur, & elle en doit regler tous les Mouvemens ſur la volonté de ſon Pere.

LUCIE.

Et ſi ce Pere vous donnoit à Sempronius?

MARCIE.

Je ne ſaurois le croire: Mais s'il le faiſoit, Ah! pourquoy veux tu ajouter aux Maux réels que je ſouffre, des Tourmens éloignez & imaginaires? Mais j'entens du Bruit; quelqu'un approche---- Retirons nous, & tachons de noyer les Sentiments de Tendreſſe dans la Crainte des Dangers qui nous menacent. Quelque Vertu dont nous puiſſions nous vanter, lors que l'Amour ſomme nôtre Coeur de ſe rendre, toute Femme qui delibere eſt perduë. [*Elles ſortent.*

SCENE II.

SEMPRONIUS *habillé comme Juba, Gardes Numides.*

SEMPRONIUS.

J'ai detourné la Bête: La voilà dans ſon Fort; & Elle ne ſauroit m'échapper; ſoyez alerte, obſervez bien mes Mouvemens, & au premier Signe que je vous ferai, partéz de la Main, & enlevez vôtre Proye. Ne vous laiſſez émouvoir ni par ſes Cris ni par ſes Larmes—— Dans quelle

quelle Rage ſera le Prince Numide d'avoir perdu ſa Maitreſſe ! Si quelque choſe pourroit augmenter la Joye que j'aurai de poſſeder un ſi bel Objet, ce ſeroit de voir les Tourmens que ſouffrira ce jeune & doucereux Barbare —— Mais j'entens du Bruit ! O Deſeſpoir ! c'eſt Juba lui même ! il ne me reſte qu'une ſeule Reſſource ——— il faut que je lui ôte la Vie, & que je me faſſe jour à travers ſes Gardes —— Quoy, Laches, vous tremblez deja ! Comportez vous en Gens de Coeur, ou par le Soleil qui nous éclaire ——

SCENE III.

JUBA, SEMPRONIUS, *Gardes.*

JUBA.

Qu'eſt ce que je voi ! Qui eſt ce qui oſe uſurper l'Habit & la Garde du Prince de Numidie ?

SEMPRONIUS.

Un homme né pour chatier ton Arrogance, jeune Preſomptueux ?

JUBA, *l'examinant.*

Que veut dire ceci ! Sempronius !

SEMPRONIUS.

Lui même —— Mon Epée t'expliquera le reſte —— en Garde. ——

JUBA.

En Garde toi-même —— Orgueilleux & inſolent Mortel ——

[Ils ſe battent, Sempronius eſt couché par Terre, & ſes Gardes ſe rendent.

SEM-

SEMPRONIUS.

Destin maudit! Faut-il que je succombe sous les Coups d'un Enfant! Deguisé en vil Numide! Et pour une miserable Femme! Dieux! Je suis confondu! Est ce ainsi que je finis la Vie! Gronde, gronde, Tonnerre affreux, secoüe par ton horrible Fracas la Terre, la Mer, l'Air, & le Ciel, & fais trembler Caton même! [*Il expire.*

JUBA.

Avec quel Effort son Ame furieuse prend l'Essor, & laisse son Corps agité & écumant de Rage! Allons mener ces Esclaves à Caton, & tachons de developer cette noire Trame.—— [*Il sort avec ses Prisoniers.*

SCENE IV.

LUCIE, MARCIE.

LUCIE.

Quel Cliquetis d'Epées vient de fraper mes Oreillés? Mon Coeur est déja si abbatu, & si accablé de Maux, que je tremble & je frissonne au moindre Bruit. Ah! Marcie, si à mon Occasion vos Freres—— Dieux! cette seule Pensée me donne des Atteintes mortelles!

MARCIE, *à la Veüe du Corps mort.*

Ciel! Du sang! Un Mort! Un Numide! Dieux! Protegez la Vie du Prince! ses Habits derobent son Visage à ma Veüe —— Mais qu'est ce que j'apperçois, un Diademe? une Robe de Pourpre! Ah! Cruel Destin! C'est lui, c'est lui même: Juba, le plus aimable Prince qui aye jamais fait naître de tendres Sentimens dans le Coeur d'une Fille—— Juba est couché dans les Bras de la Mort! [*Elle pleure.*

LUCIE.

LUCIE.

Ma chere Marcie, ne vous oubliez pas dans cette rude Epreuve; appellez à vôtre Secours toute vôtre Fermeté.

MARCIE.

Regarde cét Objet, & admire ma Retenuë: N'ai-je pas Sujét de m'arracher les Cheveux, & de m'abandonner aux plus violens Transports?

LUCIE.

Helas Marcie, que puis je faire, que puis je dire pour te consoler?

MARCIE.

Ah! ne me parle point de Consolation, il n'y a que les Maux mediocres qui en reçoivent: Voy cét Objet, & avoüe que je ne saurois étre consolée.

SCENE V.

MARCIE, LUCIE, JUBA *à côté du Theatre.*

MARCIE *continüe.*

Non, je veux m'abandonner à ma juste Douleur, & me livrer aux Transports du plus vif Desespoir; Le merite d'un tel Amant exige-t-il moins de ma Tendresse & de mon Estime?

JUBA *à part.*

Dieux! Qu'est-ce que j'entens! Eh! Quoy! le Traitre Sempronius étoit-il donc l'Amant cheri? Ah! que j'envie son Sort, & qu'il me seroit doux d'être mort, si j'etois regretté comme lui!

LU-

LUCIE.

Ma Chere Marcie, pour tâcher de vous soulager, je partage avec vous vos Peines: mes Larmes coulent avec les vôtres; & quand je considere vôtre Perte, j'oublie presque celle que je fais.

MARCIE.

Ah! il n'est rien qui puisse soulager les Tourmens que j'endure. Tout le Monde n'est pour moy qu'un vaste Desert, qui n'offre rien d'agréable à ma Veüe, & qui n'a plus rien qui puisse me rendre heureuse!

JUBA.

Dieux! Quel supplice! Avoit il donc tant de Part à son Estime?

MARCIE.

Ah! il n'étoit qu'Amour & que Charmes! il possedoit tout ce qui peut faire naitre l'Estime dans le Coeur d'une Fille, & meriter l'Admiration des Hommes. Delices du Genre Humain! sa Presence inspiroit une Joye secrete: & quand il parloit, les plus fiers des Romains portoient envie à sa Vertu, & les Vieillards profitoient de ses Discours pleins de Sagesse!

JUBA *à part.*

Ciel! je ne puis plus me retenir!

MARCIE.

Ah! Juba! Juba! Juba!

JUBA *à part.*

Quel son vient de fraper mes Oreilles! n'a-t-elle pas appellé Juba?

MARCIE.

Mais pourquoy retrace-je son Idée dans mon Esprit! Helas! Helas! il n'est plus —— Et il n'a jamais su la Part qu'il avoit à ma Tendresse! Ah! Lucie, peut être que

dans

dans les Atteintes de la Mort, il s'eſt ſouvenu de Marcie, & que ſes dernieres Paroles n'ont été que des Reproches de ma Cruauté ! Helas ! Jeune Prince infortuné, il ignoroit que le Coeur de Marcie ne brûloit que pour Juba !

JUBA *à part.*

Dieux ! Je ne me ſens plus ! Suis-je en Vie, on ſuis-je mort en Effet ! Tout ce qui m'environne me paroit Enchantement !

MARCIE *Embraſſant le Corps mort.*

Chers Reſtes de l'Objet du plus tendre Amour ! La Pudeur & la Vertu ne ſauroient condamner ces dernieres Marques de ma Tendreſſe, & je puis maintenant en toute Liberté. ——

JUBA, *Se montrant.*

Me Voici, Charmante Marcie, l'heureux Juba vit encore ! Il vit pour recevoir ces cheres Marques de ta Tendreſſe, & pour y repondre par les Tranſports de la plus pure & de la plus ardente Paſſion. ——

MARCIE.

Ciel ! Mes Eſprits s'égarent dans la Joye, & dans la Surprize ! Ah ! Ce n'eſt qu'un Songe trompeur ! Quoy ! Mort & en Vie à la fois ! Si tu es Juba, quel eſt donc cet Objet ?

JUBA.

C'eſt un Scelerat traveſti en Juba pour commettre un noir Attentat. Le Detail de cette Avanture ſeroit trop long, & même je n'ai pas eu le Tems de l'entendre juſqu'au bout : Mais Caton eſt informé de tout. D'abord que j'ai appris le Danger dont vous étiez menacée, j'ai volé à vôtre Secours : Je vous ai trouvée accablée de Douleur, & je vous avouë que je ſuis comblé de Joye d'apprendre le Sujet de vos Larmes.

MARCIE.

Ah ! J'ai été ſurpriſe dans un Tems où je penſois n'avoir rien à menager ! Mais je ne ſaurois rappeller ce qui m'eſt échapé. La Tendresse que je tachois d'étouffer dans le Fond du Coeur, a rompu les foibles Obstacles que je lui opposois; & puis qu'elle a éclaté il n'est plus en ma Puissance de vous la cacher ——

JUBA.

Ah! Je suis dans le Ravissement! Aimez vous donc, charmante Marcie!

MARCIE.

Et vivez vous pour me le demander?

JUBA.

Oui, je vis; & la Vie ne m'a jamais été si chere, puis que je n'ai jamais ressenti la Joye que je ressens presentement.

MARCIE.

Prince, avant que je vous crusse mort, j'ignorois moy même l'excez de ma Tendresse.

JUBA.

Heureuse méprise!

MARCIE.

Heureuse Marcie!

JUBA.

Cher Objet de mes Voeux! Unique Joye de mon Coeur! Ah! les Paroles sont trop foibles pour exprimer les Transports de mon Ame!

MARCIE.

Lucie, soutiens moy—— les Esprits qui tantot avoient abandonné mon Coeur y reviennent si tumultueusement que j'en suis accablée.—— Conduis-moy, je t-en prie, à mon Apartement.—— Ah, Prince! je rougis quand je pense à ce qui m'est echappé—— mais le Destin m'a arraché cét Aveu. Courez toujours dans Carriere de la Gloire, ſous les Auſpices des Dieux Immortels : Vôtre Vertu juſtifiera ma Tendreſſe, & engagera le Ciel à favoriſer nos Feux. [*Elle ſort avec Lucie.*

SCENE VI.

JUBA *Seul.*

Mon Bonheur eſt ſi grand, que je crains encore que ce ne ſoit qu'un ſonge. Fortune bizarre, tu m'as aſſez recompenſé de tes Inegalitez, & de tes Rigueurs : Je pardonne aux Deſtins : Quand même la Numidie ſeroit obligée de ſubir le Joug du Vainqueur, & que ſes Villes & ſes Provinces ſubjuguées augmenteroient le Faſte de ſon Triomphe, Juba ne ſe plaindroit pas de ſon Sort ; & pourveu qu'il poſſede Marcie, il abandonne le reſte du Monde à Ceſar. [*Il ſort.*

SCENE VII.

On bat la marche dans l'Eloignement.

LUCIUS, CATON.

LUCIUS.

Je ſuis dans le dernier Etonnement—— Quoy! l'Orgueilleux Sempronius, qui tranſporté d'un Zele qui approchoit de la Fureur, ſembloit primer les plus ardens Defenſeurs de la Patrie.——

CATON.

Nos Diviſions domeſtiques ont enfanté tant de Monſtres & de Scelerats, que je ne m'etonne plus de rien—— Ah! Lucius, je ſuis las de vivre dans un Monde ſi pervers;

&

& la Lumiere du Jour me fatigue ——— mais voici Portius.——

SCENE VIII.

CATON, PORTIUS, LUCIUS.

CATON à PORTIUS.

Que nous apprennent tes Pas précipitez, & le Trouble qui paroit sur ton Visage ?

PORTIUS.

J'ai le Coeur percé de Douleur d'apporter une Nouvelle qui va affliger mon Pere.

CATON.

Cesar a-t-il encore versé du Sang Romain ?

PORTIUS.

Non, Seigneur: Mais le Traitre Syphax, comme il exerçoit ses Troupes dans la grande Place, le Signal donné, a marché tout à coup, à la Téte de sa Cavalerie Numide, vers la Porte du Midy, où Marcus faisoit la Garde. D'abord que je m'en suis apperceu, je lui ai crié de s'arreter; mais il s'est moqué de mes Ordres, & secouant la Tête, il m'a repondu fierement, qu'il ne vouloit pas rester ici pour partager le Sort de Sempronius.

CATON.

Perfides ! Mais vite, vas voir si ton Frere Marcus se comporte en Romain —— [*Portius sort.*

SCENE IX.

CATON, LUCIUS.

CATON.

Lucius, Je ne puis resister au Torrent. Le Droit cede à la Force; Cesar est Maitre du Monde qu'il a mis aux Fers; & Caton n'y a plus rien à faire ——

LUCIUS.

Lors que l'Orgueil, l'Oppression, & l'Injustice sont sur le Throne, le Moude a le plus de Besoin de la Presence de Caton. Ayez compassion du Genre Humain, & en sa Faveur soumettez vous à Cesar, & ne dedaignez pas la Vie ——

CATON.

Veux-tu, Lucius, que je vive pour augmenter le Nombre des Esclaves de Cesar, ou que par une lache Soumission j'abandonne la Cause de Rome, & reconnoisse un Tyran?

LUCIUS.

Le Vainqueur n'imposera jamais de dures Conditions à Caton —— Les Ennemis mêmes de Cesar rendent Justice à ses Vertus, & avoüent qu'il est plein d'Humanité ——

CATON.

Detestables Vertus qu'il n'exerce qu'aux depens de la Liberté de sa Patrie! Une telle Humanité populaire n'est pas moins criminelle que la Trahison —— Mais voici le jeune Juba —— Ce généreux Prince paroit vivement touché du Crime de ses perfides Sujets ——

LUCIUS.

Helas! Prince Infortuné! son Sort est digne de Pitié!

SCENE

SCENE X.

JUBA, CATON, LUCIUS.

JUBA.

Caton, je suis couvert de Confusion, & je ne saurois soutenir vôtre Presence----

CATON.

Quel est ton Crime?

JUBA.

Je suis Numide----

CATON.

Mais un brave Numide: Tu as une Ame Romaine---

JUBA.

N'êtes vous pas informé de ce que mes Sujets infidelles viennent de faire?

CATON.

Helas! Jeune Prince, la Fraude & la Trahison sont de tout Pays, & de tous les Climats—— Rome a ses Cesars——

JUBA.

C'est être généreux que de consoler comme vous faites les malheureux——

CATON.

Il est de la Justice d'applaudir au Merite: Prince, la Fortune a mis ta Vertu à l'Epreuve, tu l'as soutenüe avec Fermeté; & de même que l'Or qui est épuré par le Feu, tu brilles avec plus d'Eclat----

JUBA.

Que puis-je vous repondre? Mon Ame ravie ne sauroit exprimer la Joye secrete dont elle est pénétrée : Oui, Divin Caton, je prefere vôtre Approbation à l'Empire de Numidie.

SCENE XI.

PORTIUS, CATON, LUCIUS, JUBA.

PORTIUS *hors d'Haleine, & troublé.*

Ciel! Malheur sur Malheur —— & Douleur sur Douleur! Cruel Destin! Mon Frere Marcus ——

CATON.

Qu'a-t-il fait? A-t-il abandonné son Poste? A-t-il laché le Pied? Les a-t-il laissez passer sans coup ferir?

PORTIUS.

A Peine ai je quitté ces Lieux que le premier Objet que s'est offert à ma Veuë a été le Corps de ce cher Frere, porté sur les Boucliers des Soldats qui avoient échapé au Combat, bleme, sans Vie, & couvert de Blessures. Il a soutenu les Efforts d'une multitude d'Ennemis à la Tete d'une Poignée d'Amis, resolu de vaincre ou de mourir, jusqu'à ce qu'enfin, accablé par le Nombre, il a expiré en grand Homme.

CATON.

Je suis content. ——

POR-

PORTIUS.

Mais avant que la Mort lui ait arraché le Fer de la Main, il en a percé le perfide Syphax: J'ai veu moy même ce vieux Traitre mordre la Poudre, écumant de Rage de se voir terrassé.

CATON.

Graces aux Immortels, mon Fils a fait son Devoir!--- Portius, quand la Parque aura tranché mes jours, ne manque pas de placer son Urne prés de la mienne.

LUCIUS.

Caton, que vôtre Grandeur d'Ame a un rude Combat à soûtenir! Voyez le triste Corps de vôtre Fils qui approche: Les Senateurs & les Citoyens allarmez & éperdus, l'accompagnent fondant en Larmes.

SCENE XII.

CATON, JUBA, PORTIUS, LUCIUS, *le Corps de Marcus porté par des Soldats, Senateurs, Suite.*

CATON *rencontrant le Corps Mort.*

Te voilà. Mort, mon Fils, mais tel que je t'embrasse! Arretez, mes Amis: Placez le devant moy, afin que mes Yeux se repaissent de ce sanglant Objet, & que je compte ses Blessures. Que la Mort est belle, lors que la Vertu l'accompagne? Qui est ce qui ne voudroit pas être à la Place de ce jeune Homme? Ah! Que ne peut on mourir plus d'une fois pour sa Patrie? Mais pourquoy vous affligez vous, mes Amis? Je rougirois de Honte si la Maison de Caton étoit tranquille, & florissante pendant les Horreurs d'une Guerre Civile —— Portius, regarde ton Frere, & souviens toy que ta Vie n'est pas à toy, lors que Rome la demande.

JUBA *à part.*

Jamais Mortel a-t-il fait paroitre tant de Fermeté!

CATON.

Helas! Mes Amis, pourquoy pleurez vous une Perte particuliere? C'eſt Rome qui demande nos Larmes: Rome! la Maitreſſe de l'Univers ; Rome! Mere feconde des Heros; & les Delices des Dieux ; Rome qui humilioit l'Orgueil des Tyrans de la Terre, & qui briſoit les Fers des Nations—— Helas! Rome n'eſt plus —— O! Liberté! O! Vertu! O! Patrie! [*Il pleure.*

JUBA *à part.*

Dieux! Quelle Integrité! quel Amour de la Patrie! Il a veu d'un Oeil ſec un Fils couché dans les Bras de la Mort, & il fond en Larmes pour Rome!

CATON.

Tout ce que la Vertu Romaine a dompté, tout ce que le Soleil éclaire, tout eſt à Ceſar. C'eſt pour lui que les Decius ſe ſont devoüez; c'eſt pour lui que les Fabius ſont morts les Armes à la Main; c'eſt pour lui que le Grand Scipion a fait des Conquêtes; & que Pompée même a combatu. Helas! Mes Amis! Qu'eſt devenu le Travail des Deſtinées? Qu'eſt devenu l'Ouvrage de tant de Siecles? Où eſt l'Empire Romain? Funeſte Ambition! Tout eſt évanouï : Tout eſt abſorbé dans Ceſar! Nos Illuſtres Ancêtres ne lui avoient rien laiſſé à vaincre que ſa Patrie!

JUBA.

Tant que Caton reſpirera, Ceſar aura Honte des Chaines qu'il fait porter au Genre Humain, & rougira de ſes Triomphes.

CATON.

Ceſar, rougir? N'a-t-il pas veu Pharſale?

LUCIUS.

Caton, il est tems que vous songiez à vôtre Salut & au nôtre.

CATON.

Lucius, ne faites point d'Attention à moy : Je suis en Seureté. Le Ciel ne me laissera pas à la Merci du Vainqueur: Et Cesar ne dira jamais, j'ai dompté Caton. Mais, Helas ! mes Amis, le soin de vôtre Salut remplit mon Esprit d'Inquietude : Mille Terreurs s'elevent dans mon Ame ! Comment mettrai-je mes Amis en Seureté ! C'est à present, Cesar, que je commence à te craindre——

LUCIUS.

Cesar sait faire Grace, nous n'avons qu'à la lui demander.

CATON.

Hé bien, demandez la lui; je vous en conjure ! Dites lui que Caton est l'Auteur de tout ce qu'on a fait contre lui. Ajoutez, si vous voulez, que je le prie moi-même, les Larmes aux yeux, de ne pas faire eclater son Ressentiment sur la Vertu de mes Amis —— *Juba*, vôtre Sort me fait de la Peine : Je ne sai si vous ne feriez pas bien de rechercher la Protection du Vainqueur, pour regagner la Couronne de Numidie——

JUBA.

Si je vous abandonne tant que je jouirai de la Vie, puissent les Dieux Immortels abandonner Juba !

CATON.

Jeune Prince, si je puis lire dans l'Avenir tes Vertus te rendront illustre : Un jour viendra où l'on ne regardera pas à Rome comme un Crime d'avoir été Amy de Caton. Portius, approche-toy de moy : Mon Fils, tu as souvent veu ton Pere tacher, dans un Etat corrompu, d'arrêter le Torrent du Vice, & de la Faction; & tu le vois presentement

ment épuisé de Forces, accablé par le Nombre, & perdu sans Ressource. Je te conseille de songer de bonne heure à la Retraite, & d'aller passer le reste de tes Jours à ton Heritage Paternel dans le Territoire des Sabins, que l'Il-lustre Caton mon Grand Pere cultivoit de ses propres Mains, & où tous nos Ancêtres ont joui des Douceurs d'une Vie champêtre, & de la Tranquilité qui accompagne la Vertu, la Frugalité, & la Temperance. Dans cette agréable Solitude, fais des Voeux pour la Paix & pour la Prosperité de Rome; & contente toy d'être Homme de Bien dans l'Obscurité. Lors que le Vice regne, & que l'Impieté est sur le Throne, une Vie privée; est le Poste d'Honneur.

PORTIUS.

Je me flate que mon Pere ne recommande pas à Portius une Vie qu'il méprise lui même——

CATON.

Adieu, mes Amis! Si quelqu'un de vous ne veut pas se fier à la Clemence du Vainqueur, des Vaisseaux que j'ai fait équiper, & qui sont prêts a faire voile, vous porteront au Port où vous souhaiterez d' aborder. Y a-t-il quelque autre chose en quoy je puisse vous servir? Le Vainqueur approche —— Encore une fois, Adieu, mes Amis! Si jamais nous nous rencontrons, ce sera dans des Climats plus heureux, & sur des Bords plus asseurez, où la Presence de Cesar ne viendra plus nous inquieter. Dans ces Lieux de Delices, [*il se tourne vers le Corps Mort de son Fils.*] Le jeune Guerrier, qui animé de l'Amour de la Vertu a expiré en combattant vaillammant pour sa Patrie, se trouvera victorieux; & le ferme Defenseur des Droits du Genre Humain, quoy qu'ici en Butte à la Faction, au Vice, & à la mauvaise Fortune, verra ses généreux Travaux couronnez.

Fin du Quatriéme Acte.

ACTE

ACTE CINQUIEME.

SCENE PREMIERE.

CATON *Seul, assis & reveur, tenant en sa Main le Livre de* Platon *de l'Immortalité de l'Ame. Une Epée nuë sur la Table.*

ELA ne peut étre autrement —— Platon, tu raisonnes juste! —— Car enfin d'où nous vient cette flateuse Esperance, cét ardent Desir de l'Immortalité? D'où nous vient cette Crainte secrete, & cette Horreur interieure du Neant? D'où vient que l'Ame se revolte contre cette Pensée? C'est la Divinité qui agit en Nous; c'est le Ciel même qui nous fait entrevoir un Avenir & une Eternité. Une Eternité! Idée agréable, & terrible en même Tems! Dans quels Mondes divers & inconnus devons nous passer? Quels Changemens devons nous subir dans ce vaste Infini? Ce grand Objet, cét Espace sans Bornes, est devant moy: Mais des Ombres, des Nüages, & des Ténébres le cachent à ma Veüe —— Je m'en tiens à ceci: S'il y a une Puissance au dessus de nous, (& les Merveilles que les Ouvrages de la Nature étalent à nos yeux ne nous permettent pas d'en douter) il faut que cette Puissance aime la Vertu, & ce qui est l'objet de son Amour, ne sauroit manquer d'étre heureux: Mais quand? comment? Ce Monde a été fait pour Cesar! —— Je suis las de mes Incertitudes: Ceci les finira [*mettant la Main sur l'Epée*] Me voilà doublement armé; la Mort & la Vie, le Poison & l'Antidote sont en mes Mains: L'un, dans un Instant, tranche le Fil de mes jours; l' autre m'apprend que je suis immortel. L'Ame seure de son Existence, méprise le Poignard, & brave la Mort. Les Astres perdront leur Splendeur, la brillante Lumiere du Soleil s'éteindra avec le Tems; toute la Nature succombera sous le Poids des Années; mais

mon

mon Ame joüira d'une Jeunesse éternelle, & elle ne ressentira aucune Atteinte, parmi le furieux Choc des Elemens, le Naufrage de la Matiere, & la Dissolution de l'Univers. —— ——Mais d'où vient cette Pesanteur qui accable mes Esprits? Quel est cét Assoupissement qui s'empare de mes Sens? La Nature fatiguée par les Soucis s'affaisse d'elle même, & cherche le Repos —— Il faut la satisfaire encore une fois, afin que mon Ame recreée par le Sommeil puisse en se reveillant prendre son Essor avec toute sa Force & toute sa Vigueur, & soit une Offrande digne du Ciel. Le Crime & la Crainte qui l'accompagnent trouble le Repos: Mais Caton qui ignore l'un & l'autre, ne fait point de Difference entre le Sommeil & la Mort.——

SCENE II.

CATON, PORTIUS.

CATON *continuë*.

Mais quoy! D'où vient, mon Fils, que vous venez sans étre appellé? N'ay-je pas ordonné qu'on me laissât seul? Pourquoy ne suis-je pas obeï?

PORTIUS.

Ah! Mon cher Pere, quel affreux objet s'offre à ma veuë? A quel Dessein cette Epée nuë? Permettez je vous en conjure, que——

CATON.

Jeune Indiscret, n'y touchez pas.

PORTIUS.

Ah! Souffrez que les Prieres, les Larmes, & le Danger commun de vos Amis vous l'arrachent des Mains——

CATON.

Quoy! Voudrois tu me trahir? Voudrois tu me livrer comme un Captif, comme un Esclave entre les Mains de Cesar?

Cesar ? Retire toy,—— apprens à obeïr à un Pere, ou sache, jeune Homme!——

PORTIUS *en pleurs.*

Ah! Seigneur, ne m'accablez pas de vôtre Indignation: Vous savez que je sacrifierois mille Vies, plutôt que de vous desobeïr.

CATON.

Eh bien! Me voilà encore Maitre de mon Sort. Que les Legions de Cesar nous assiegent maintenant de toutes Parts ; & ferment toutes les Avenuës ; que ses Flotes couvrent la Mer, & bloquent tous les Ports! Caton saura s'ouvrir un Passage, & tromprer ses orgueilleuses Esperances---

PORTIUS.

Seigneur, Pardonnez à un Fils, qui est penétré de Douleur! Ah! mon Pere, peut étre que c'est la derniere fois que j'aurai le Bonheur de vous appeller de ce tendre Nom! Mon Pere, je vous en conjure, laissez vous flechir à mes Larmes—— Permettez à mes Soins de vous arracher au Sort funeste que vous vous preparez——

CATON *l'embrassant.*

Je n'ai jamais trouvé en toy que de la Pieté & de l'Obeïssance: Mon Fils, essuye tes Larmes: Tout ira encore bien. Les Dieux Immortels, auxquels j'ai taché de plaire, sont trop justes pour ne pas secourir Caton, & avoir soin de ses Enfans.

PORTIUS.

Vos Paroles me redonnent la Vie!

CATON.

Portius, Tu peux te reposer sur ma Conduite ; & compter que ton Pere ne fera rien qui ne soit digne de lui. Mais pars, mon Fils ; vas voir si les Amis de ton Pere manquent de quelque chose ; Aye soin de les faire embarquer ; & viens me dire si les Vents & Neptune propices à mes voeux favorisent leur Retraite. Mon Esprit est accablé de Soucis, & cherche la Douceur du Repos——

[*Il sort.*

PORTIUS.

Je respire enfin, & mon Coeur soulagé——

SCENE III.

PORTIUS, MARCIE.

PORTIUS.

O Marcie! O ma chere Soeur! Il y a encore Lieu d'esperer que nôtre Pere n'abandonnera pas une Vie qui est si necessaire à sa Famille, & à sa Patrie. Il s'est retiré pour aller reposer; & son Esprit paroit tout-à-fait tranquille. Les Ordres qu'il vient de me donner en sont des Marques certaines; & font voir qu'il n'est occupé que du Salut de ses Amis. Je t'en prie, Marcie, aye soin que Personne ne trouble son Repos——

[*Il sort.*

SCENE IV.

MARCIE *Seule.*

Dieux Immortels, qui gardez le Juste, veillez alentour de sa Couche; versez lui des Pavots; adoucissez son Sommeil; dissipez ses Chagrins, & tranquillisez son Esprit par des songes agréables. Souvenez vous de toutes ses Vertus; Et faites voir aux Hommes que la Probité est sous vôtre Protection!

SCENE

SCENE V.

LUCIE, MARCIE.

LUCIE.

Où eſt ton Pere, ma chere Marcie, où eſt Caton?

MARCIE.

Parle bas, ma chere Lucie, Caton repoſe: Je ſens l'Eſperance revivre dans mon Coeur: Je me flate encore que nous verrons finir nos Malheurs.

LUCIE.

Ah! Je tremble & je fremis toutes les fois que je penſe à Caton! Il eſt ſévére, & redoutable comme une Divinité: il ne ſait ce que c'eſt que d'avoir de l'Indulgence pour la Fragilité humaine, ni pardonner des Foibleſſes qu'il n'a jamais connuës!

MARCIE.

Quoy que ſévére & redoutable aux Ennemis de Rome, il eſt, ma chere Lucie, généreux, doux, pitoyable, & benin a ſes Amis; Dans ſon Domeſtique il n'eſt que Bonté & que Tendreſſe; je l'ai toujours trouvé indulgent, & favorable à mes Deſirs: Enfin, c'eſt le meilleur Pere qui fût jamais.

LUCIE.

C'eſt de lui ſeul que depend entierement nôtre Felicité: Marcie, nos Chagrins ſont à peu prés les mémes; & nous ſommes vous & moy dans le même Embarras. Le Cruel Deſtin qui a tranché la Vie de vôtre Frere Marcus, que nous pleurons l'une & l'autre ——

MARCIE.

Et que je pleurerai toujours, jeune Infortuné!

LU-

LUCIE.

Le Destin, dis-je, a affranchi mon Ame, & m'a degagée de mon Voeu. Mais qui sait les Sentimens de Caton? Qui sait ses Intentions à l'égard de Portius; ou de quelle maniere il a resolu de disposer de vous?

MARCIE.

Qu'il vive, c'est assez! Les Dieux feront le reste.

SCENE VI.

LUCIUS, MARCIE, LUCIE.

LUCIUS.

Que le Repos de l'Homme vertueux est doux & tranquille! Marcie, je viens de voir ton Divin Pere: Quelque Puissance invisible semble soûtenir sa grande Ame dans toute sa Majesté. Un profond Sommeil s'est emparé de ses Sens; & des Songes agréables paroissent occuper son Esprit. Comme j'approchois de son Lit, il s'est écrié, en souriant, Cesar, tu ne saurois me nuire!

MARCIE.

Ah! Je crains que quelque Pensée funeste ne roule encore dans son Esprit. ———

LUCIUS.

Lucie, d'où vient cét Excez de Douleur? d'où vient ce Torrent de Larmes? Ma Fille, seche tes Pleurs. Nous sommes tous en Seureté, pendant que Caton respire —— Sa Presence nous protege.

SCENE

SCENE VII.

JUBA, LUCIUS, MARCIE, LUCIE.

JUBA.

Lucius, la Cavalerie que j'avois fait ſortir pour battre l'Eſtrade, & pour reconnoitre la Force & la Poſture des Ennemis, vient de rentrer ; leur Camp n'eſt qu'à une petite heure de Marche ; & on le decouvre du haut de la Tour de l'Occident. Leurs Boucliers & leurs Caſques brunis reflechiſſent les Rayons du Soleil couchant, & rempliſſent de Feu toute la Plaine.

LUCIUS.

Marcie, il eſt temps d'éveiller vôtre Pere : Ceſar eſt encore dans la Diſpoſition de nous accorder une Capitulation ; & il ne ſe tient à l'écart, que pour attendre les dernieres Reſolutions de Caton.

SCENE VIII.

LUCIUS, PORTIUS, JUBA, MARCIE, LUCIE.

LUCIUS *continuë.*

Portius, on lit ſur ton Viſage quelque Avis important Qu'eſt ce que tu nous viens apprendre ? Il me ſemble qu' une Joye naiſſante brille dans tes yeux.

PORTIUS.

Comme j'allois à grands Pas vers le Port, où les Amis de mon Pere, impatients de faire Voile, accuſent les Vents contraires, un Vaisseau est arrivé de la Part du Fils de Pompée, qui du Fond de l'Espagne demande Vengeance de la Mort de son Pere, & arme toute cette Nation guerriere en sa Querelle. Si Caton étoit à leur Tête, Rome pourroit encore maintenir ses Droits, & recouvrer sa Liberté. Mais quel Bruit frappe mes Oreilles! Ciel! Quel Gemissement viens je d'entendre! Ah! Que je vole à mon Pere. [*il sort.*

SCENE IX.

LUCIUS, MARCIE, JUBA, LUCIE.

LUCIUS.

Caton dans son Sommeil même pense toujours à Rome; & le Trouble où cette Pensée le jette lui fait pousser des Soupirs pour le Salut de sa Patrie: Mais quoy! Le Gemissement redouble! Dieux! Protegez nous!

MARCIE *en pleurs.*

Helas! Helas! ce n'est point là la Voix d'une Personne qui dort! Ce sont les Lugubres Accens d'un Mourant!---- Ah! Ciel! Mon Pere expire!

SCENE X.

PORTIUS, LUCIUS, JUBA, MARCIE, LUCIE.

PORTIUS *en pleurs.*

O Spectacle d' Horreur! Ah! Marcie! Nos Craintes n'étoient que trop justes! Helas! Nous n' avons plus de Pere! Caton s'est jetté sur son Epée.——

L U-

LUCIUS.

Ah! Portius, épargne nous les Horreurs de ce triste Recit —— Nous ne devinons que trop le reste. ——

PORTIUS.

Je l'ai relevé, & placé sur son Siege, où blême, foible, & palpitant, il est prêt à rendre le dernier Soupir; mais comme, avant que son Ame s'envole, il demande à voir ses Amis, ses Gens, pour obeïr à ses Ordres, le portent en ces Lieux, fondant en Larmes.

SCENE XI. *Et Derniere.*

Le Theatre s'ouvre, & decouvre Caton, porté dans un Fauteüil.

MARCIE, JUBA, LUCIUS, CATON, PORTIUS, LUCIE.

MARCIE *en pleurs.*

Dieux! donnez moy la Force de soûtenir la veuë d'un Objet plus terrible que la Mort même! —— Aidez moy à rendre les derniers Devoirs à un Pere!

JUBA.

Voilà, Cesar, le Fruit de tes Exploits! Voilà à quoy se reduisent tes Triomphes!

LUCIUS.

Helas! Rome n'est plus!

CATON *sur le devant du Theatre, parlant à ceux qui le portent.*

Arretez —— Portius, approche toy de moy —— Mes Amis sont ils embarquez? Peut--on encore faire quelque chose pour leur Service? Que le peu de vie qui me reste ne soit pas inutile—— Ah! Lucius, es tu encore ici? Tu as trop de Generosité: Perpetuons, je t'en prie, dans nos Familles l'Amitié qui est entre nous: Et rends Portius heureux en lui donnant ta Fille Lucie—— Helas! il fond en Larmes!—— Marcie, ma Fille—— Ah! soutenez moy—— Marcie, Juba a de l'Amour pour Toy: Lors que la Republique étoit encore debout, un Senateur de Rome eût dedaigné l'Alliance d'un Roy: Mais les Armes de Cesar ont tout renversé, & tout confondu; Quiconque est brave & vertueux, est Romain———— Ah! je pâme! Qu'il me tarde de me voir delivré d'un Monde plein de Vanité, & le Sejour du Crime & du Repentir—— Mais il me semble qu'un Rayon de Lumiere vient éclairer mon Ame dans son Essor—— Helas! Je crains de m'être trop precipité.—— Dieux Immortels, Scrutateurs du Cœur de l'Homme, qui en developez les Replis le plus cachez, & qui examinez ses Pensées le plus secretes, si j'ai commis un Crime, ne me l'imputez pas! Le plus sage des Humains est sujet à faillir: Mais vôtre Bonté est infinie! Et—— Ah! [*il meurt.*

LUCIUS.

Ah! la plus grande Ame qui ait jamais animé un Romain vient de s'envoler! Ah! Caton! Ah! Cher Amy! Ta derniere Volonté sera religieusement executée. Mais portons ce Corps majestueux & respectable au Camp de Cesar, & étalons le à sa Veuë, afin qu'il nous serve comme de Bouclier contre la Fureur du Vainqueur: Caton, quoy que mort, protegera encore ses Amis! La Fin tragique de ce grand Homme montre aux Nations quels sont les terribles Effets des Divisions domestiques. C'est le Demon de la Discorde qui dechire les Entrailles de nôtre Patrie: C'est lui qui porte par tout l'Epouvante & l'Effroy; qui livre Rome en Proye à Rome même; qui enfante la Fraude & la Cruauté; c'est lui, enfin, qui pour mettre le Comble à ses Fureurs, enleve Caton aux Humains criminels, & indignes de sa Presence.

FIN.

www.ingramcontent.com/pod-product-compliance
Lightning Source LLC
LaVergne TN
LVHW020029170826
845678LV00001B/191

* 9 7 8 2 3 2 9 7 5 0 1 7 0 *